开·卷·书·坊

钱伯城

回忆中的师友群像

上海辞书出版社

回忆中的师友群像

# 书前闲话

这本小开本的小书，系应上海辞书出版社文学室主办，并广受读者欢迎亦我所喜的《开卷书坊》丛书之约，从历年所写曾在报刊发表或编集出版的文史随笔内选录十万字上下、选文若干篇而成。书名《回忆中的师友群像》，其中出现的人物，有相识的，有不相识的，但精神、思想是相通的，都是我所敬佩、尊重的师友之交。内容大致是大时代或大环境中小故事、小掌故之类的小品文，或大文章中套点小文章；涉及的人和事，概从实录，不作虚语。

以上说的几句闲话，权当一篇小序，读者看了自有理会。以"开卷"为卖点的书，自应开卷有益，此不待词费。能否做到，要听读者评论，不能自以为是的。

九四老人　钱伯城

二〇一四年十月二十八日，识于上海观景楼

# 目录

辰作

# 元化先生二三事

## "二三事"之一：章鲁王的承传关系

这篇题目，识者一看便知，套自鲁迅那篇传诵甚广的《太炎先生二三事》，只是章太炎换了王元化。如今写回忆某人往事，"二三事"已成时髦用词，但我觉用在王元化身上似更见合适。章太炎与鲁迅有师生之谊，鲁迅则是王元化青少年时期的精神与思想导师，章太炎——鲁迅——王元化，他们之间的确存在绵延不绝的承传关系。他们是所处不同历史时期具有浓郁启蒙主义色彩的哲学家、思想家，又是当之无愧的文学语言大师，忧国忧民，以天下为己任，走在历史的前沿。王元化更是在他的晚年公开亮出了"新启蒙"旗号，并创办了虽仅印了四期而影响深远的《新启蒙》杂志。他们留下的著作，先后辉映，旗鼓相当。读者甚至可从《王元化晚年谈话录》(下简称《谈话录》)中看到章、王二人之间跳越鲁迅的直接呼应。三人间各有自己的独立人格与自由思想，这正是王元化通过三次痛苦的也是理性的"反思"所形成并坚持的信念。由他的一位博士生吴琦幸君记录的《谈话录》，谈论和探讨的就是这些问题。因此在接触王元化的"二三事"前，让我们先看看这本《谈话录》的内容及问答体例大概。

首先，这是一本为研究王元化生平思想、学术成就及时代背景等提供第一手资料的书。这里举一条为例，当问到他出生于基督徒家庭，父母都是虔诚的基督教徒，本人也受过洗礼，对他有哪些影响时，他回答："影响当然是有的，最重要的是关于人不是神，人不是万能的。"接着又更详细叙述了父亲、外公以及圣公会和教会学校同他家庭的密切关系，最后说："基督教对于中国教育的贡献是值得肯定的，只是这方面的研究太少。"这种袒露心怀的告白，可以促使我们思索这样一个问题：为什么基督徒家庭和教会学校竟培养出如此众多的无神论和反传统的革命战士，而且是其中的精英分子？诸如此类，为后人提供了足够研究的空间。

其次，这本《谈话录》不像当前一些口述史或记者访谈那样一问一答，直来直往，而是夹叙夹议、带有动作表情，时有第二者参与的描写。这里摘录本书《前言》末段的话："他（指王元化）希望我（记录者吴琦幸自称）多花点时间跟他促膝漫谈。由于他的三次反思及一生都在他著作中详细分析和做过论述，所以他这次谈话的风格是提纲挈领的漫谈，特点是无话不谈……清晰地画出他的心路历程……遵照他的要求，我没有采用完全对答的方式，而是通过自己的观察、思考，与他对谈，并写下了我的心情和理解。我希望这次完成了先生交给我的最后的一个任务，也是我写的最长的一篇读书报告。"

最后再补充一点，我看这本《谈话录》所以成功，还得力于记录者的文史哲素养追求，此亦见于本书《前言》："跟他（王元化）相处不一会儿，就会从他身上感受到一种真诚和儒雅之气，一段话突然在我（记录者自称）的脑海中腾起，那是《歌德谈话录》中艾克曼第一次见歌德时候的印象：'他坚毅有力的褐色面孔满是皱纹，每一条皱纹都富有表现力。他的整个神情是如此诚挚而又坚定，宁静而又伟大！他说话缓慢、安详。谈吐如同我们想象中年事已高的王者。看外表便知道他气定神闲，已然超乎于世间的毁誉之上。'"按：《歌德谈话录》解放前有老商务译本，解放后重版，手边无书，此段译文或为新译。

## "二三事"之二："被打成胡风 反革命分子的真实情况"

按照王元化自己的安排，这次"无话不谈"的多日漫谈，从理论、人情、学风、考证、历史事件以至三次"反思"中，他被打成胡风反革命分子的真实情况这一历史事件，放在领前的位置。这是他一生思想的重大转折点。时间是二〇〇年七月十七日，地点是上海瑞金医院高干病房。下面是《谈话录》的记

述(四十六至四十九页):

我扶王元化先生到医院的走廊里,先生的身体靠着我,我感到了先生的虚弱,我们用非常慢的脚步踱步,走廊中只我们单独两个人贴在一起。

先生感慨地说,琦幸啊,我想我给你讲一下一些不宜发表的历史,你要答应我,要等到我眼睛闭上之后才能公开。我点点头。

先生喘着气慢慢地说,那就是在反胡风的时候,胡风曾经说过"对于王元化要拆穿他"。

我想起胡风反革命集团第三批材料中,胡风针对王元化说的"必要时拆穿他"的话语,我就问,这是什么意思?

先生慢慢说,拆穿他,这是怎么回事,没有人懂,我不讲,没有人知道。这是胡风给罗洛一封信里讲的。

先生几乎是贴着我说,胡风这个人的宗派思想非常厉害。……我那个时候弄新文艺出版社,出一些书。胡风那个人宗派意识很强。

他们只是要把胡风一派的书可以出，别人的书都不可以出。他们想出天蓝的一部诗集，后来华东文化方面的主管部门不让出，说其中有些问题。他们不服气，我也跟他们说，这是不能硬来的，要按照组织原则。但是他们不大懂。他们就写信给胡风，说王元化不愿意斗争。……于是他们说我是两面派，对领导不提意见，实际上心里是有意见。这就是要"拆穿他"的意思的由来。

按：在当年公布的《关于胡风反革命集团的材料》中，上海新文艺出版社被点名的共有三人，除王元化，还有罗洛、张中晓。王元化说"我那个时候弄新文艺出版社，出一些书"，他那时做的是总编辑，社长是华东局宣传部副部长刘雪苇兼任，后升任中央文化部副部长，也成为"胡风分子"。关于王元化，我曾在一篇回忆短文中，提到他早期给我的印象："他是我到新文艺出版社第一位接见的领导人，平日接触不多。但记得有次参加他主持的一个小规模编辑会议，讨论选题计划。正好大热天，不像现在到处空调，电扇也不普遍，他穿一件汗背心，慷慨陈词，大有脱略形骸的书生意气。在座的还有张茜（陈毅市长夫人），她是翻译编辑，曾用'耿星'笔名译过一本绥拉菲摩维奇的短篇小说集；她也发表意见，一口四川话，侃侃而谈。不过会上各人讲些什么，一点记不起了。"（《半个世纪的雪泥鸿爪》）

关于罗洛与张中晓，在他们被"隔离审查"前，那倒是天天见面的。开头是在一个办公室，文艺编辑室，我去之前有六位：主任梅林，编辑耿庸、罗洛、张中晓、江鸶、翟永瑚；我加入后的座位排列是，梅林单坐一张办公桌，罗洛与我对坐一桌，耿庸与张中晓、江鸶与翟永瑚也各对坐一桌。罗、张、翟还与我同住一个宿舍楼，晚间与节假日时有会面。但不到两年，胡风案发生，这样相对平静的格局就告结束。不过老同事又是老朋友的情谊，是始终断不了的，至今我还不时想起他们。

对王元化，我与他的相知与交往，又自不同。他是老领导，又是兼备师友地位的老朋友。胡风案后，他被隔离审查随即离开新文艺出版社，几无往来。"文革"结束后,他先主持《大百科全书》文学卷编撰工作,后任上海市委宣传部长,兼管上海古籍整理出版一块,我都做他的助手。平时过从,相敬以礼,谈的多是公事,偶尔提及往事。记得有一次他说起曾中夜起身跑上阳台,仰天捶胸长嚎的事,我听了很受感动。我也曾有过这类举动,那是大冷天,半夜起身,只穿短裤汗衫,偷偷开启宿舍大门,在所住里弄来回奔跑,希望立刻伤风咳嗽、体温升高,第二天好上医务室混一张病假单,心情境界差得远了。元化此类事未见于这本《谈话录》,大概尚未想到这是当年涉案者的一种心路受难历程,无论是否曾与记录者谈过,都是值得一记的。

二〇一四年一月号的《随笔》杂志登载的彭小莲《如果胡风当官了……》,引用二〇一一年十一月二十六日《东方早报·上海书评》发表的二〇〇七年吴琦幸与王元化的访谈录,谈及王的思考和观点,特别是王说的"胡风这个人我是不喜欢的,如果他当了文化部门的领导人,可能比周扬还更坏。这些东西等我闭上眼睛再发表吧"这段话。然后写下了她与罗飞、何满子和她自己的意见：

> 文章发表的第二天，我就接到罗飞先生的电话，他问我是否看见了吴琦幸的访谈，他几乎不能相信，王元化先生说了这样的话，……但是，我跟罗飞先生说，这话断然是王元化说的。……早在2002年的春天，我去衡山路的庆余别墅看望王先生的时候，他就跟我说了同样的话。……我不知道如何反驳王先生观点，……于是，就直接去了何满子先生家里。何先生非常不屑地回答道：

> "这不是胡扯吗？历史，是可以有'如果'的说法吗？"

按：我知彭是同与王元化成为"胡风分子"的原华东局宣传部长彭柏山的女儿，我与她的母亲朱女士曾在王元化家偶遇，朱当时似正为《新民晚报·夜光杯》写唐诗今译专栏。罗飞与何满子则是我所在出版社的老同事、老朋友。我所不解的是，他们何以如此"纠缠"与激烈反对元化关于胡风与周扬比较"如果胡风当官了"的观点？这到底是学术还是别的什么问题？

　　我看这个问题，其实在这本《谈话录》关于王元化三次"反思"的谈话中，已经有了基本的回答。那就是五四运动所形成的激进与平和、独断与宽容、专制与民主，如何平衡的问题。中共中央专设一个统战部，国家领导机构专设一个政协会议，按照我的理解，做的就是这个平衡的工作。具体到人，以美学家朱光潜为例，周扬主持的中宣部和文化部很尊重朱的学术和政治地位，胡风则在一九五四年十一月借毛泽东指示批判《文艺报》轻视"小人物"的马克思主义观点的大会上，抨击《文艺报》纵容朱光潜的资产阶级唯心主义美学思想，严厉批判朱光潜"是胡适派的旗帜之一、一大台柱……为蒋介石法西斯思想服务，单纯地当作资产阶级思想都是掩盖了问题的"。虽然周扬不一定是心口如一，但他执行的是"组织原则"是无疑的。这里不是也可提一个"如果"的设想：换了胡风，能像周扬那样容得下朱光潜这个美学家吗？这是不是一个从理性出发合乎逻辑的"说法"呢？我看这正是王元化对吴琦幸郑重说的"组织原则"，"但是他们不大懂"的问题。另外，元化似早有预见，他的这一"说法"，将会受到一些朋友的不满与批评，要等他"眼睛闭上之后才能公开"。

满子是我共过患难的老友，也是元化的同案老友，元化对我说过，他写文言文曾请满子是正。我曾在一篇文章中赞满子为"当代杂文一大家"，并非虚誉，而是实实在在的评价。在学术问题上，我们的观点是从不隐瞒的，有什么就说什么。如今元化、满子先后逝去，但我相信，即使他们在世，面对面谈艺论学，也会这样直言无讳。

## "二三事"之三：大师们的博弈游戏

博弈是两人的对局，现增加一人，二对一，钱锺书与汪荣祖组合，跟王元化对局。三人都是大师级人物，复数，故称大师们。二〇〇七年七月二十二日王元化、吴琦幸的一次谈话，谈起钱锺书话题：

先生说，他跟我的关系不错，我始终不把

自己跟他比。这我有一篇谈话在报上登过的，我说他是我的前辈，我的学问比他差多了，不能放在一起比。但是他的狂妄我很不赞成，他的信都是非常谦虚，他把人人说得好得要命，这不可靠的。

我有这个同感，说，是啊，所有的信都是客气得不得了，……但是去年出版的汪荣祖《史学九章》中，复印了一封钱写给汪荣祖的信，就用比较不恭的话对你进行批评。

先生"哦"了一声，是吗？我还没有看到。信里怎么说？我回答，汪荣祖告诉他在上海结交认识了也许是你，和其他三位学者。钱锺书回信的时候，说到你当年曾化名批评他的书（估计是《围城》），另外三位人士都不值得交往等等的话。我读了之后觉得背后如此指责别人，是不是有点太不厚道了？（《谈话录》一百三十至一百三十一页）

在这下面另有一脚注，十分重要，可略窥博弈双方的布局和应对，全文引录如下：

汪荣祖《史学九章》（三联书店 2006 年版）全书论述史学大家如章太炎、钱穆、汤因比、钱锺书等，第 166 页复印了一封钱锺书给他的信，是全书唯一影印的文件。其中说："来信所言在沪交往四君，皆旧相识，王君尝化名××（此处文字不清，似为'数'或'蚀'）作文痛诋拙著，后来则刻意结纳，美国俗语所谓'If you can't lic'em, join'em' 者是，弟亦虚与委蛇。要之均俗学陋儒，不足当通雅之目。兄沧海不择细流，有教无类，自不妨与若辈过从耳。""化名"二字下有两条着重线。此书后来没有拿给王先生看。

　　按：先要纠正此条脚注所引钱函中美国俗语单词"lic"后，漏一"k"字，当是排校之失；又"化名××"推想二字也不大像，今闻钱致汪函七十封已全部影印出版，字迹清晰，当可取以校定。至于"作文痛诋"一事由来，我原无所闻，今看《谈话录》一百七十三页附《王元化生平学术年表》，方得其略，今亦全文引录如下：

1947年，上海晨光公司出版钱锺书的小说《围城》。王元化署名"方典"撰《论香粉铺之类》予以批评，发表在1948年由横眉社编辑的《横眉小辑》创刊号上。出版后，文委领导人唐守愚认为该刊批评《围城》不符合党的政策，勒令停办。又批评王元化是丛刊的发起者。虽经王元化辩白并得萧岱证明而无效。这篇文章引起的轩然大波，其影响直到四十年之后。

按：这份年表可以说明钱函所谓王曾"化名痛诋"《围城》，其实用的是王常用的"方典"正式笔名，他在解放后首次出版的论文集《向着真实》，用的就是这个正式笔名，并非故意匿名的"化名"。这是文艺界中人大都知道的。又钱函所引美国俗语，未加翻译，我查了一下葛传椝、陆谷孙、薛诗绮主编的《新英汉词典（增补本）》（上海译文出版社一九八五年新二版），果然有"lick［俚］战胜；超越"的释义。这就明白了钱函所引的用意，join作联合解，这句美国俗语便可译成"如果胜不过他们，那就结纳他们"，或如钱函用词，"结纳"一词前再加上"刻意"二字。整句甚至可意译为两千多年前流传下来的那句老话"前倨后恭"，来代替这句"美国俗语"，当否书此博方家一笑吧！

至于《年表》说，"这篇文章引起的轩然大波，其影响直到四十年之后"，我算了一下年代，文章是一九四七年发表的，"四十年之后"应是一九八七或一九八八年，未见有何"轩然大波"。我欣赏这本《谈话录》写得好，也包括这份《年表》的简明扼要，可补《谈话录》之未及纳入的资料。以上所说，且备吴琦幸君参考。

二〇一四年四月二十三日，于上海

# 学术精神与前贤风范

收到邀请的时候，我和陆（晓光）教授说，这个题目我讲不来，只能随便谈谈，想到哪里就谈到哪里。有不对的，或者没听清楚的，都请打断我，直接谈。首先我想问一下，清园长者讲谈会的"长者"指的是谁？在座的各位还是王元化先生？（陆晓光：指参加会议的各位。）我觉得自己称不上长者，长者不只是年纪大，我宁愿认为是清园长者，指王元化先生。我今天是来随便讲讲，当然即使随便讲讲也是围绕着"学术精神和前贤风范"这两点。这是王先生的精神和风范。

大家都知道，改革开放以后有两位称得上是大师级的学者，他们讲过的两句话的引用频率最高。一句就是王国维的做学问三境界，一句就是陈寅恪的"独立之精神，自由之思想"。这两句话在改革开放的学术界，甚至不只是学术界，引用频率最高。

在参加这个会议之前，我正在电视上看到保健节目，钟南山院士在讲座中就引用了王国维的三境界。但是这两句话在之前并不很受重视，它们引人注意的原因，是有两位学者着重传播这两句话。

王国维这句话是谁传播出来的呢？这个人，讲出来大家大概都会有意见。这个人是陈伯达。陈伯达在延安时候，把王国维借用古典诗词形容的三个境界，作为做学术需要经历的三个境界。当然提到陈伯达时大家都会看不起他，但是要一分为二地看，陈伯达的确是有学问的。为什么看不起他呢？他这个人呢，说实在话，奴性太大。但就是经过陈伯达的传播，王国维的三个境界被广泛流传出来。

那么，陈寅恪那句话"独立之精神，自由之思想"，将它广泛传播的是谁呢？就是我们今天纪念的王元化先生。现在大家都在讲这句话。不只是做学问，做人也要遵守这句话。这是王元化先生的功劳。他不仅将这句话传播出去，自己也身体力行。我可以举两个小例子。他有一次寄一篇文章给《文汇报》发表。大家知道，报刊出版有审查小组的，当时的报刊审查小组希望他能够删掉"自由""民主"的字眼。王元化先生坚持不删，他说这个不能删。而且他说他能举出证据，证明他们的报纸经常用这样的字眼。当时审查小组一定要王先生改，王先生坚持不改。后来，报纸没办法只好发表了。当然这和王先生的地位和影响有关了，一般人的文章就不能发表。还有一个例子，法国解构主义哲学家德里达，到中国访问。他是法国人，他认为法国人用英语用得多了，慢慢地就把法文代替了。其实这个是不可能的，就像我们现在用英文用得很普遍，英文也不会代替中文。他来中国的时候，也提出了这个主张：最好大家不要用英语了，要纯粹用自己国家的语言。王先生和他的对话，这个很多报纸都登了，王先生不赞成这个观点。他拿中国做例子，中国普遍用英语，并没有消灭自己的文化。中国正是靠着英文和别的民族交流，现代科学文化才能够发展。我看德里达这里是语言文化的民族主义。哲学家总是高深得不得了，很多人崇拜外国人，认为外国人说的总归是对的。王先生就能够当面地同德里达交流，提出自己的意见。这就是"独立之精神"了。上一个例子里，他坚持不删改自己文章里的字眼，这都是"独立之精神，自由之思想"。他是坚定执行的。

在王先生诞辰纪念的日子里，我们要学习他的精神。当然我们也要容许不同的意见。王先生当然也不可能是完人了，学术问题上也肯定有不同的意见。我们的学馆，既要发扬王先生的精神和风范，也要注意不同的意见。这样，我们的研究中心才能够研究出东西来。如果专门讲王先生好，也就说不上研究了。讲到有不同意见，我之前同晓光讲，你们一定要收集资料。讲王先生好话的要收集，讲王先生好话的文章很多了，纪念文章都是说好话的。不同意王先生意见的也要收集。这要作为中心研究的一个项目。说到不同意见，不知道你们注意到李泽厚的发言没有。据我所看到的，李泽厚回国以后，已经有四篇访谈录了。他这个访谈，研究中心要收集起来。他对王元化有不同意见，都是十一月份发表的，不晓得你们看到没有。（陆晓光：我们的研究生提供给我了。）要研究呀。最早一篇我看到的是《东方早报》还是《上海书评》上的。第二篇是在《南方周末》上。（陆晓光：还有《南方人物周刊》、《新京报》、《文汇报》。）《文汇报》上是刊登整版的。我注意到在《上海书评》的那篇访谈录。有不同意见是正常的，应该有不同意见。王先生非常看重他。他年纪还比较轻的时候，在几次文学交流会议的时候他们见过几次。当时我晓得，王先生对两个青年很看重，一个是李泽厚，一个是刘再复。他对他们赞不绝口。说实在话，我对李泽厚、刘再复也很钦佩的。后来，刘再复是提出告别革命，李泽厚提出"五四"的失败原因是救亡压倒了启蒙。这个的确抓到了五四运动的关键的。"五四"的启蒙运动，一开始是一个文化运动，后来变成了一个救亡运动。从胡适的白话文改革一下子变成了激进。王先生九十年代反思就是反思这个问题。为什么激进，为什么极左。

但是，从几次访谈录里，我看了之后觉得也很奇怪。他说，王先生提出的"要做有思想的学问家和有学问的思想家"是正确的废话。既然正确，为什么废话了呢？他说，做了思想家一定有学问的，做了学问家也一定有思想的。所以他不赞成王先生的话。问题是，李泽厚没有提出来：学问家的思想，究竟是什么思想。王国维当然有思想，他是保皇思想。溥仪还没有被冯玉祥赶出来之前，在清宫里授他"南书房行走"，他高兴得不得了。他就是一个清朝的遗民思想了。陈寅恪，大家认为是大师，他当然也有思想，他的思想就是"独立之精神，自由之思想"。从这一点看，李泽厚提出这个当然有他的道理。但是，问题是他避而不谈思想是什么思想。如果作为一个思想家的话，我看，就是要有批判精神，要做启蒙运动。回来回去还是回到王先生的提法上。

其他的，李泽厚认为胡适没有学问，大家都看不起他。其实不然的，梁启超非常看得起胡适，梁启超写《清代学术概论》，原稿还请胡适去看的，胡适提意见的。而且他写《清代学术概论》里把胡适作为清代考证派的继续。后面太长了，我就不谈太多了，这是值得研究的。

注：

此文为"清园长者讲谈会"上的发言，由王元化研究中心硕士生助管唐艺多等根据录音整理。"清园长者讲谈会"举行于二〇一〇年十一月三十日下午，地点在华东师范大学中山校区办公楼小礼堂；作为王元化九十诞辰纪念活动之一，由上海市社会科学界联合会与华东师范大学王元化研究中心联合举办。与会人：钱伯城、郭豫适、王铁仙、张德林、姚昆田、陈谦豫、林其锬、陈伯海、蒋凡、房鑫亮、高建国、高克勤、吕健、钟明奇、龚丹韵等。听讲人包括中文系部分学生。此次讲谈会简况参见《文汇读书周报》二〇一〇年十二月十日记者朱自奋报道。

# 端直骏爽　风骨峻嶒

## ——我认识的朱东润先生

朱东润先生给我的印象，是一位有"风骨"的学者。他的著作和做人，都是有"风骨"的。这风骨，就是《文心雕龙·风骨篇》说的："结言端直，则文骨成焉；意气骏爽，则文风生焉。"朱先生的风骨，确实当得"端直骏爽"四字。有端直骏爽的人品，所以能写出端直骏爽的文章。人如其文，当然也是文如其人。

我与朱东润先生相识交往，早在五十年代初。从年辈和学问上，我一直视他为前辈师长。那时我在刚成立不久的新文艺出版社任古典文学编辑，在总编辑王元化和社长李俊民领导下，筹划出版一套古典文学读本，请郭绍虞、刘大杰二位先生担任主编，他们都是复旦中文系教授，郭先生还是中文系主任。这套读本，拟了二十个选题。其中《左传选》

的编选，请的就是朱东润先生。我去复旦宿舍探望他，执后学晚生之礼，谈具体编选事宜，这便是我们订交之始。解放前，我已读过《张居正大传》、《中国文学批评史大纲》和《史记考索》等书，对朱先生的学问有所了解，也赞赏他的文采。所以一见，我们便有共同感兴趣的话题，很谈得拢。朱先生略带泰州乡音的普通话，清朗响亮，耐人久听。谈话中他对选本的篇目与注释、体例等，一再征求我的意见，倒使我惶恐不安，但我相信不是故作客套。这本《左传选》的稿子，过不多久就送来了。出手之快，选注之严谨，证明朱先生平素学养之厚，这是名家做普及读物的范例。这本原稿用的是黄色粗毛边纸，毛笔小楷书写，字体工整，一丝不苟。我记得除了体例方面问题稍有调整，此外几乎没有什么修改，很快发排出版了。这是上海的出版社解放后所出的第一本古典文学选本。朱先生拿到样书后，也很高兴。看到我就用他稿本上的题字，作为正式出版的题签，说："这字是随便写的，怎么印上去了！"我说："这显得更自然。"他笑说："我应该写得更好一些的。"

　　关于在《光明日报》副刊《文学遗产》上开展的屈原有无其人的那场论争，今天已不大有人提及了，当时却热闹过一阵。这场论争的主角，就是朱东润先生。他持屈原无其人论，而且是孤军应战。这本是学术问题，只要言之成理，可以各抒己见。但是，问题变得复杂起来。主张屈原无其人的，朱先生并不是第一人，胡适就提出过这个看法，并说屈原只是一个传说中的"箭垛式人物"（在胡适之前也已有人对屈原的存在表示怀疑）。胡适是"反动文人"，他的观点自然也是"反动"的。解放前中华书局出版过一本何天行著的《楚辞作于汉代考》，解放后已被斥为"妄人妄书"。朱先生的论点，虽自己出，却与他们不谋而合。而郭沫若是研究与赞颂屈原的权威，他不会允许有人出来否定屈原，便写文章批评屈原无其人论，分量就重了。但朱先生不为所屈，仍写文章坚持自己的看法。一时人们都岌岌为朱先生危，因为学术问题常会演变为政治问题，再进一步，可能就会出现群起批判的局面。幸得当时文网尚宽,这场争论似乎是不了了之。朱先生从此不提这个问题。许多人并不同意他的观点,但却无疑赞赏他敢于坚持自己观点的勇气。这场争论,增加了我对朱先生的认识与敬佩。"文革"后某次见面,我问朱先生对这个问题的看法,过了这么多年是否有所改变,他正色说:"不,我的看法没有变!"我想,这正是朱先生独有的品格与文格。

从五十年代到八十年代,风风雨雨三十年,我同朱先生几乎没有来往了。偶尔听到一点关于他的传闻,例如他的夫人在"文革"中自杀了,他本人的处境当然很艰难,但也不得其详。其间新文艺出版社的古典文学组,经过了古典文学出版社,到中华书局上海编辑所,几度变迁,成了上海古籍出版社,李俊民仍旧担任社长。我在工厂"战高温",做了八年小工之后,也回到出版社仍做编辑,这一次专任《中华文史论丛》的编辑。《中华文史论丛》创于一九六二年,是不定期学术刊物,宗旨是刊载老学者们找不到发表地方和机会的箱底之作,所以偏重于文史方面的考证文章。从创刊起,我就是兼职的责任编辑。出到第七期，"文革"爆发，刊物就停了。一九七八年复刊，李俊民社长建议，请一位知名学者来任主编，他提出了朱东润先生。他说，朱先生是他在南通中学读书时的英文老师，有师生之谊，深知他的学问道德，请他来做《中华文史论丛》的主编是再合适不过的。

朱先生欣然接受了这个任务，我们请他来出版社开了一次主编会议。事前我去拜望他，这是"文革"后第一次见面。他一点不像刚从"反动学术权威"的噩梦中苏醒过来尚未恢复的人，谈锋仍健，还像从前一样，但绝口不提家庭变故，对"文革"的经历也淡淡带过。在他简朴的客厅中多了一只很大的日本进口冰箱，他说这是学校照顾，凭票供应的。这也是当时"拨乱反正"，尊重高级知识分子的一种待遇。他笑笑说："好了，一切都过去了，多做点事吧！"他这种宽广的胸怀，使我深受感动。那次主编会议，参加的人有李俊民、罗竹风、何满子，以及我同几位编辑。罗竹风先生原是上海出版局局长，还没有正式分配工作，编制放在出版社，李社长请他帮忙审读稿件。他任上海社科联主席，是后来的事。何满子先生原是出版社编辑，"文革"中吃了大苦头，被遣送回原籍，现在重又归队。朱先生一见何先生，就笑着说了两句唐诗："一声何满子，双泪落君前！"大家都大笑。我觉得朱先生有幽默感，也很爽直。我同何先生是老朋友，对他的名字，也常想到这两句诗，却从没有说出来。这虽是一次小型的工作会议，却很受重视。上海电视台当晚的新闻节目中就播放出来了，作为学术界经历了十年凋零后重又走向繁荣的实际表现。节目中有大家争相发言的镜头，可见会议开得很热烈。这次会议决定，朱先生任《中华文史论丛》主编，出版社专门成立一个编辑室，负责约稿审稿，每期选目送朱先生审定。过了大约一年之后，主编署名增加李俊民、罗竹风二人，依年龄排列，朱先生还是排在第一位。对于稿件取舍，朱先生完全尊重我们意见，从不干预。我记得曾有一位作者，因多次退稿，直接给朱先生写信投诉。朱先生复信说，稿件的取舍，他与编辑部意见是一致的。他并将来信与复信抄件都交我们存档，足见他对出版社工作的谦挹与支持。

一九八六年，上海作协为朱先生九十大寿和从教七十周年，举行一次庆祝会。我代表上海古籍出版社和《中华文史论丛》致辞祝贺，表示将由上海古籍出版社出版他的文集（可惜这愿望由于出版社未能获得授权而没有实现），并预祝朱先生百岁大庆时，我们再聚会庆祝（这愿望可惜也没有实现）。这是我最后一次与朱先生一同开会，那次他身体显得健康，无龙钟之态，我相信他完全可以活过百岁。现在，《中华文史论丛》的三位主编，都已先后过世，但是，他们的名字将永留人间。

最近我得读朱先生为他遭"文革"之害而死的夫人写的《李方舟传》，对朱先生又有进一步的认识。这是一本饱蘸血泪的书，没有愤激的词句，有的只是对愚昧的鄙弃和对理性的执著。作者自序说："这本书是在惊涛骇浪中写成的，但是我的心境却是平静的，因为我相信人类无论受到什么样的遭遇，总会找到一条前进的道路。"这篇序写于一九八〇年，时值"十年浩劫"方过不久。怪不得"文革"后我们首次见面，他的开朗情绪就感染了我，当时我还不很理解，现在终于明白了。对待世间一切横逆之事，人是应该抱有这样的坚定信念的。否则就活不下去，世界也不能进步了。

《文心雕龙·风骨篇》篇末的赞，有四句是："蔚彼风力，严此骨鲠；才锋峻立，符采克炳（指表里相符）。"我想移用作朱先生赞，照应本文开头说的"端直骏爽"，这样论定就完整了。

一九九七年一月十五日

原载《东方文化》杂志

# 记 余 振

余振先生逝世了，又一位朋友走了。据讣告，他是一九九六年八月七日在上海逝世的，享年八十八岁。原知生死是自然规律，有生必有死，无人可免；但每当传来师友噩耗，总会怅然若失，不能自已。陆机的《叹逝赋》有序说："或所曾共游一途，同宴一室，十年之外，索然已尽，以是思哀，哀可知矣。"《叹逝赋》缕缕千言，精义在于二句："嗟人生之短期，孰长年之能执！"日月流迈，人世过往，真是匆匆而来，匆匆而去。

我与余振相识在一九五八年，一九五九年有过长达三个月的"三同"（与农民同吃同住同劳动）时期。这又得从一九五八年回叙。这一年，以中华书局名义在上海成立了两个编辑所：一是辞海编辑所，以舒新城为主任；另一是上海编辑所，以金兆梓为主任，李俊民为副主任。后者的班底是刚成立两年的古典文学出版社，我即在这个出版社任职。两个编辑所合用一个办公楼，在绍兴路七号的原中华学艺社。两个编辑所的编辑部同在三楼的原用作讲演与集会用的大礼堂内，彼此隔桌相望。其时"反右"刚结束，政治空气浓厚，大家小心翼翼，埋头工作，不相往来。但内部信息，常有传闻。记不清在此之前还是之后，听说辞海所从北京调来了两个"大右派"：一个是人民出版社总编辑曾彦修，一个是北京大学俄语系主任李毓珍。曾，我是知道的，就是写杂文的严秀，"反右"中是点名批判的，因而出了名。李，没有上过报，所以不知道他就是以翻译莱蒙托夫和马雅可夫斯基闻名的余振，后来知道了，很表敬仰。我对严秀也是敬仰的，因为他杂文写得好。同时，因为他们二人都是"丁酉同年"，因而产生了"同病相敬"（不是"同病相怜"）之情。丁酉是一九五七年的旧历干支纪年，"丁酉同年"是"右派"之间的解嘲戏称。这一榜的"同年"，至少有几十万，可称前无古人。又听说他们二人来辞海所，是由中宣部副部长周扬亲自批示的，更说明他们不是一般之人。既在同一个办公室办公，便有人指给我看：严秀是长长的瘦个子，戴眼镜，走起路来直直挺着身子，两眼向前，绝不旁顾；余振则是黑黑的矮胖子，行动迂缓，似乎看不出有什么诗人气质。我认识了他们，他们却不认识我，当时的环境也不允许我同他们相识。我同他们二人之成为知友，那是后来的事。不久，辞海所搬出去，另立门户，便是现在的上海辞书出版社。

一九五九年，承"大跃进"之风，又掀起了一股机关干部分批下乡"三同"的热潮。上海市出版局也组织各出版社编辑分批下乡参加劳动，三个月一批。我积极报名申请第一批下乡，得蒙批准。我是带有私心的，"反右"后原单位的压抑歧视气氛，使人如处牢狱，真想躲避一下，换一个环境。虽知所谓的劳动前面还有"监督"二字，也在所不顾了。这次下乡约有五十人，除出版社外，尚有书店、印刷厂员工，带队的是出版局人事处长。行前由出版局长罗竹风集合讲话，勉励大家通过劳动改造思想；特别指出"右派分子"，"要从跌倒的地方爬起来，认真改造,转变反动立场"。这时我看到余振也在座,也像大家一样,手里拿个小本子,记录局长的训词。

我们下乡的目的地是上海郊区颛桥乡,这里一向是上海市区知识分子"改造思想"的劳动基地,当时已经成立了人民公社。我看到农民家中的灶台全已拆除,烧饭烧菜的铁锅也因"大炼钢铁"全部收缴,大家都吃公共食堂。但灶灰却是肥料,我们下乡的第一件事就是挑运各家各户的灶灰到田间去肥田。

我与余振编在一个队里。劳动休息时间(上下午各有一次,约半小时),余振就与我坐在一起闲聊些往事。他大约大我十多岁,我总是向他请教关于俄国文学和俄文翻译界一些故事,他在这方面是权威。我们谈俄国诗人,他说他最喜爱的其实是叶赛宁,但翻译得多的却是马雅可夫斯基。他同熟谙俄文的沈志远与曹靖华都曾是同事,同沈是在抗战期间在陕西城固的西北联大,同曹是在解放后的北大俄语系。但是他说他最要好的朋友,则是翻译美国奥尼尔戏剧的荒芜(北师大),不在一个学校,但一九五七年却有共同的遭遇。他说荒芜很硬气，戴了"右派"帽子不承认，所以处分重。他说："我不行。"他这话说得很真诚。我看过荒芜的译本，油然生出敬意。

但是这种使我们暂时忘记自己身份的闲谈，也受到注意，未能维持多久。一天中午，小队长突然召集大家开会，宣布有群众反映，干部阶级意识淡薄，敌我不分。具体讲，就是"右派分子"和干部混一起，自由自在，不受监督。小队长说到这里，便做了自我检查，同时把眼睛盯住余振同我二人，立刻点了我们的名字。大家的眼光也朝向我们，我们低下了头，听候批判。小队长接着又读了一个通知："右派分子"王勉，抗战时做过国民党远征军的美军翻译，是历史反革命分子，现已逮捕。这个通知令我反感，造成我在很长时间内"表现不好"。王勉是我的同事和朋友，平时谈得来。他处世平和，与人无争，只是看事看人有自己的见解，因此也"扩大化"了。对他的被捕，我认为是过分了，为之不平，不免情绪上有所表现。许多年后，王平反，自劳改地归来，谈起此事。他说虽然关了多年，但"文革"中却躲开了批斗的磨难，也是有失有得。中国的知识分子就是这样的善于譬解。叶浅予在回忆录中谈起他的十年秦城牢狱之灾，也是以此为幸。王的被捕事对余振没有影响，因他与王并不相识。这次会后，队里对我们的管教就严厉起来。劳动休息时间，我们也不敢坐在一起闲谈了。但是，我们还是能够找到间隙的机会，交谈几句。

我记得，在这次劳动过程中，我们至少有两件事上的意见是一致的。一件是关于拍照的。为了报道干部下乡劳动，报纸派了摄影记者来拍照。小队长听到上级布置，认为这是重要政治任务，提前做了安排。规定谁拿锄头，谁掮铁锹，摆的姿势，站的位置也都一一指定，不许差错。他自己站在最前面，表示带头劳动。我同余振不许参加，但允许站在一旁观看。余振偷偷对我说："这不是做戏吗？"我当然同意他的看法。另一件是关于修水利的。那时大修水利，农村到处挖沟、挑土、筑堤，我同余振都是强劳动力，卷入了热潮，干得十分卖力。有一次轮到我们掘土，划定的路线上全是一片片长得绿油油将要结荚的蚕豆苗，怎样也下不了手。正当我同余振犹豫不定时，一个农村干部走过来，厉声说："为什么停下不动？"我指着茂密的豆苗："锄掉了不可惜？是不是绕道过去？"他一脸不屑的样子，走上去一连拔掉十几棵豆苗，回过头叫："可惜什么？叫你们锄掉就锄掉！"我们只得赶紧跟上去，看着一棵棵鲜嫩的豆苗在我们的铁锄下摧残死亡，心里总不是滋味。夜间，我趁人不注意，对余振说："白天的事我总觉不大对头，但又说不出道理。"他说："这是感情和理智的区别。"接着又说一句："毛主席说的嘛，革命不是请客吃饭。"听他一说，我的思想也通了。余振给我留下一个印象，说话不多，但说必抓住要点，有时还能一语解颐。

三个月的下乡劳动，转眼结束。在总结会上，我和余振照例汇报思想，还要谈改造体会，并且接受革命群众的批评帮助。对我的批评最严厉，因为表现不好，队长甚至提出警告。对余振则肯定他老老实实，认真改造，队长说了些对他勉励的话。那时对"右派分子"的管教,还没有与地富反坏合在一起,所以有时可在训斥中带一点"内部矛盾"的样子。后来逐步升级,到"千万不要忘记阶级斗争"以后,便正式成了"五类分子"。就我本人而言,这次下乡劳动的收获有两点:一是增长了许多见闻和知识,对农村的,对"大跃进"的;二是结识了余振这位年长的朋友。当然,这两点收获,只有我自己知道,是不能说出来的。

但是,随后我同余振就各奔东西不相往来了。今天看来似很奇怪,而在当时却是十分自然的事。几乎不断的一个接一个的政治运动,学习、检查、汇报、批判,对于戴着"右派"帽子的人(后来有幸"摘帽",也是"摘帽右派")来说,只能是"六亲不认",更不用说朋友交往了。"文革"开始,我被投入"牛棚",猜想余振也逃脱不掉。但是一九六九年,上海新闻出版界大队人马开往"五七干校",各单位均按军队编制,以连为单位,我所在的连队与辞书出版社的连队,正是近邻,却不见余振踪影。只看见严秀,还有另一位朋友耿庸(也在辞书出版社),每天拉着铁轮推车，来回运送饲料，在我连队门口经过。我们从不交谈，我也无从打听余振消息，不知他何以获准不过干校这一关，后来见面好像也没有问过他什么原因。

我在干校只待了七八个月，一九七○年的夏天，便被派到工厂"战高温"，在高温车间的回火炉边跳上跳下，一直"战"了八年。本想终老于斯，再也不同笔墨打交道了。但是随着"四人帮"和他们的极左政策的覆灭，套在知识分子颈上的枷锁也松了开来，我在一九七八年重新归队，回到出版社，仍旧担任学术刊物《中华文史论丛》的编辑工作。这本刊物创办于一九六二年，偏重于刊载考据性质文章，未设主编，一开始就由我负责编辑。"文革"中停刊，现在恢复，决定实行主编制。先是朱东润任主编，后加李俊民、罗竹风二位，但实际工作仍由我负责。一九九一年起，由我任主编至今。

一九七九年的岁末某一天，余振忽然来到了我的办公室。多年阔别，经历了"文革"的劫难，一旦重逢，都有隔世之感。握手相视，彼此心情的感慨是不待多说的。他还是老样子,朴实无华,说话慢条斯理。他说他已退休,有时为辞书出版社看点稿子。华东师大的外语系聘他做兼职教授,但课也不多,所以空闲时间可以做点自己喜欢的事情。我为他去华东师大兼课高兴,我知道"文革"后华东师大是首先为"右派"教授开禁的,先后聘请了不属本校的著名学者张孟闻(生物学)、孙大雨(英国文学)等人来校任教,礼遇有加,各分配了住房。我问他是不是继续翻译俄国诗人的诗,他说主要是整理修订过去的一些译作,新译的较少。他露出谦虚的笑容说:"我现在研究围棋,写了点东西。"说着,他从拎包中先拿出一本人民文学出版社新出版的他翻译的《莱蒙托夫诗选》,这是他题好字赠送我的;接着又拿出一卷稿纸,就是他研究围棋的成果,要我看看,能否在《中华文史论丛》发表。"不一定行,"他说,"请你指教。"这是一篇论文,题目叫《〈棋经十三篇〉作者考》。我让他留下,有什么意见,再与他联系,他便告辞走了。

我仔细看了他的文章,有两万多字,分四部分:

一是作者张靖考，二是注者考，三是作者传略（事实上是作者简谱），四是作者家乡济源考。采择的材料很丰富，考证辨析也很周密，我认为这是一篇很有功力的学术文章。我猜想这是余振第一次写这种考据文章，足见他的国学功底也是颇为深厚的。《中华文史论丛》当然可以采用。但是我觉得这篇文章不妨增加一个附录，就是将《棋经十三篇》的原文加以校注，与文章登在一起，这样更可以提高读者的兴趣与重视。《棋经十三篇》原文，自宋代以来，传世的版本很多，各本字句间差别相当大，而且有些显然的错误，因而也有必要校出一个文从字顺的可读的本子。但这要同余振当面商量。

于是我第一次去余振寓所看望他。他住在汾阳路一处三角地段的花园洋房内，这是上海出版局的宿舍，住着好多户人家。三角地段的花圃内矗立着一座普希金的半身铜像，解放前就耸立在那里，在旧上海也是闻名的。一九八九年苏联总统戈尔巴乔夫访问上海，也曾到那里瞻仰。余振每天进出，想必天天看到普希金像，他与俄国诗人真是有缘分的。

余振的寓所也很简朴，似乎是一个大间隔成两半。待客的半间内，放着一个棋枰，黑白棋子散落在枰上，想来是供他对弈或打谱用的。他同意我的建议，决定把《棋经十三篇》以最快的速度整理出来。那一天，我们谈得很愉快，回想一九五九年的那次下乡劳动，似乎就在眼前。

一九八〇年的《中华文史论丛》第四辑上，刊出了余振的文章和《棋经十三篇》的校注，共有五万字，署名则用他的本名"李毓珍"。文章发表后，反应很好，得到中外棋界的注意，因为解决了长期存有争议的《棋经十三篇》的作者问题和阅读问题。但是，知道李毓珍即余振或余振即李毓珍的人并不多，而知道他既是有名的翻译家又是有成就的棋学专家的人就更少了。

此后，余振又曾到办公室来看过我两次，我却未能再去看望他。他有一次去西安旅游，在那里曾给我一信，说有出版社拟为他出版一本棋学研究方面的著作（后未成功），我也给他复信。后来我们就很少来往了。直到这次看到他的讣告，方才后悔没有能和他多聚上几面，多谈论几次，但已经来不及了。韩愈有祭友文说："'白头如新，倾盖若旧'。顾意气之何如，何日时之足究。"寄寓他们之间似淡而深的友谊，我想亦可移来寄托我对余振的深切悼念。

一九九六年九月二日

原载《随笔》杂志

# 物外人间一诗人

## ——怀潘伯鹰先生

潘伯鹰先生是我敬重的师友之交,一九六六年"文革"前夕去世,年寿六十三岁,至今三十年了。我常常想念到他,他的言谈风神还清楚留在我的记忆中。他的诗集《玄隐庐诗》收古近体诗一千余首,近日翻阅,更增怀思。黄山谷有两句诗:"物外常独往,人间无所求。"若译成白话,大意是:"思想(或精神)常常不受羁束,世俗的名利全不在心上。"以此移赠伯鹰,可作他生平写照。

伯鹰是真诗人,这是相对以写旧体诗为时尚出现许多假诗人而言的。真诗人方有真性情。潘受序《玄隐庐诗》,论伯鹰诗道:

> 伯鹰诗思深意远,境高语妙。其感其情,皆今人之感与情;而其体制,其格律,其声调,其色泽,则无不古。直与时代相氤氲,相磅礴,

相呼吸,相歌哭,而甘苦之,而性命之。会通天人,咳唾名理,用古而不泥古,超物而不遗物。真能兼众长,集大成,耐吟味,娱独坐,而与古为新者也。

潘受,字虚之,一九四二年与伯鹰订交,是伯鹰老友,现居新加坡。他这篇序写于一九八七年,序中推许伯鹰诗感情深厚,体制古雅,道出伯鹰诗的特点,是有见地的。

伯鹰早年从政,且曾接近高层,因不热衷,故没有做什么显要的官。他的文名诗名和书法名,超过了他的官名。他写过一部旧体小说《人海微澜》,先在《大公报》连载,后单行,吴宓作序,以曹雪芹、萨克莱(《浮华世界》作者)相比。名士吕碧城、黄稚荃称为"凄动心脾,不自知其掩卷而汍澜"。他写的《隐刑》等五部笔记,据说得曹聚仁推荐,受到鲁迅赞赏。抗战中,他主持饮河诗社,"声气所泊,应者万里"。一九四九年,他随同章士钊、颜惠庆等赴北平,任国民党政府代表团秘书,参与国共和谈。全国解放后,他被任为上海文物保管委员会委员、市府参事，虽属优遇，却是闲职，从此不务他求，以书法和写诗自娱。他的诗集《玄隐庐诗》共十二卷，近半数是这个时期的作品。

伯鹰的诗号称"非唐非宋，亦唐亦宋"（潘受语），但他最服膺的诗人是黄山谷；在山谷诗的研究者中，他最服膺的是钱锺书。《谈艺录补订》有一段记载：

> 少年负气，得闲戏别取山谷诗天社（指任渊）注订之。多好无恒，行衢不至，补若干事而罢。出乎一时技痒，初不笃嗜黄诗也。《谈艺录》刊行后，偶与潘君伯鹰同文酒之集。伯鹰盛叹黄诗之妙，渠夙负诗名，至是几欲一瓣香为山谷道人，云将精选而详注之。颇称余补注中欧梅为官妓等数则，余虽忻感，然究心固不属此类尔。

这是钱锺书纠正任渊误注山谷诗，将官妓欧、梅照字面注成了欧阳修、梅圣俞，为伯鹰所折服；而伯鹰之崇拜山谷，也于此可见。又这里说伯鹰打算对山谷诗"精选而详注之"，这个愿望后来是实现了的，这就是一九五七年由古典文学出版社出版的《黄庭坚诗选》。由于这本书，我与伯鹰相识，并建立了相知的友谊。

我那时负责出版社编辑部，所以这本书从选题、约稿到审定、出版，我都是参加的。这本诗选有几个特点：一、确是精选，山谷诗共一千五百多首，本书选一百五十首，为总数十分之一弱。二、详注，不仅是注典故，还有串讲（即评述），指点读法。如有一首诗的注末串讲："其中要诀，须将句法练得坚挺，把不相干的转折字虚字删得干净。这样才能将意思的转折藏在里面，因而耐人寻味。凡研究山谷诗的人，必须首先从这里钻研进去。这是须要细心长期体会的。"三、书前有一篇长达一万七千字的"导言"，评价山谷的生平、人品及其文学成就，作者说："拼命捧山谷的人，未必即真看到他的深处，搔着他的痒处；信口骂山谷的人又往往是不细读他诗的人。"这篇导言即是还山谷以真面目。四、标点有创新之处，将五七言诗点断，如"欲嗔，王母惜；稍慧，女兄夸"。"才难，不其然；有，亦未易识"。喜用破折号，如："想见沧洲白鸟双——马齕枯萁喧午枕"。多用惊叹号，如"千丈寒藤绕崩石！""木落知风饕！"这使我想起钱基博的《韩愈志》一书，满纸惊叹号。大概老先生们用新式标点，都有这种自己的习惯用法。伯鹰在此书前致谢语中，提到"古典文学出版社诸公，颇多扬榷"，我们是充分尊重作者意见的。

《黄庭坚诗选》随处可见伯鹰的真知灼见，灵感妙语，其精到处不逊于钱锺书《宋诗选注》，应是传世之作，却因不合左的教条，出版次年就受到了上海一家大报的批评，说它只讲艺术性不讲政治性。彼时批评即判决，这本书从此遭遇冷落，无人再提，也没有重版机会。我倒相信，总会有慧眼独具的出版家（不是出版商）有一天会发现这本书的价值，重新给以出版。

伯鹰的诗，意在言外，情寓境中，须细细玩味，方得有所领会。这用得着他所说的读山谷诗的方法："这种诗体的特点在以很少的句子，很窄的韵脚，写出高广的境界，深远的诗路，又要自然，又要变化,又要有风神,这工作是很难的。读者须要虚心仔细去玩味作者用笔用意的方法。"(《黄庭坚诗选·戏呈孔毅父注》)我这里从《玄隐庐诗》中举两首诗为例:

> 吴门秋更热,触绪况多惊。短榻心相语,空庭影共行。棋经阴计换,诗赖背吟成。仗马须衔勒,先防万一鸣。(《触绪》)

> 仗马真堪羡,犹容噤不声。可怜鹦鹉舌,字字苦分明。(《作前诗而悲之再为一章》)

这是五十年代伯鹰应召去苏州参加社会主义教育运动学习时所作,这种诗若从表面看,似乎看不出什么,"须要虚心仔细去玩味作者用笔用意",读者方能品味出诗中含蕴的深沉心情、感想和当时的环境,而这又是不易言传的。

《玄隐庐诗》中有赠我的一首七律,题目是《钱君伯城见示所述唐宋古文之作,题以奉赠》,诗如下:

> 著书岂必穷愁事,历世终看偶傥传。
> 尚论韩欧微喻指,不离形质妙忘筌。

霜飞转益岩松茂，火蚀无伤璞玉坚。

握手相期青眼在，浮荣自古例浮烟。

诗题中说的"所述唐宋古文之作"，指的是我在一九六二年写的一本小册子《唐宋古文运动》，为中华书局上海编辑所出版的"中国古典文学基本知识丛书"之一。当时出版后，送请伯鹰留念的。隔不了几天，他就派他的一位学生（可惜姓名已忘）送来了他书写的条幅，写的就是赠我的这首诗。这是对朋友的慰勉，洋溢着真诚的感情。"霜飞转益岩松茂，火蚀无伤璞玉坚"，这既是嘉许，也是期望。我想伯鹰的原意，恐怕不仅是对我个人，应该也是对这一代知识分子的共同命运而说的。"握手相期青眼在"，这是伯鹰交友的自道。他对朋友始终如一，不以贵贱荣辱而改变态度。一九五七年的"扩大化"我也未能幸免，他是最早叩门看望我的，其时许多亲友已是避我唯恐不及了。

家中一只老式的大镜框，伯鹰的条幅正好镶配在内。我就一直挂在陋室中，朝夕相对。伯鹰是名书家，他的书法遒劲雄浑，自成一家，为我的陋室增辉不少。

不过五十年代末以后，我同伯鹰平日往还不多。随后那些年政治风云起落不定，工作之外就是不断地学习，批评与自我批评，几乎每天精疲力尽，朋友间互戒来往，难得见面。记得最后一次见到伯鹰，是在听说他患病卧床，我同妻子去他胶州路住宅看望。大约是一九六五年底或一九六六年初。

那天，他精神很好，见到我们夫妇，十分高兴。我们看他双眼仍是那样炯炯有神，透过近视镜片发出闪光；讲话的声音也仍如平昔那样宏亮。那天他谈了许多话，现在回想，大部分也忘了。只记得他虽在病中，还在关心朋友们的生活处境，其中特别提到因遭"扩大化"而被遣送回籍的叶笑雪君，想要助他一臂之力。

这次一面，遂成永诀。待我听到他的逝世消息，已是"文革"的风雷滚滚而来之时，什么友谊人情道义等等，一概"横扫"而光了。"文革"初起时，我还不知伯鹰已逝，他写的条幅，我怕因我而连累于他，不敢保留，慌忙取下烧掉了。至今我还感到后悔，但在当时无人能免于恐惧的时日里，这样做却是理所当然的。

《玄隐庐诗》原为手抄本两册，存章士钊处。一九七二年，章至香港探亲，携稿拟影印出版，未果。后由周颖南、何焯贤和潘夫人荷君女士共同协力，几经校阅定稿，于一九八七年由新加坡文化学术协会排印出版，印制精美，为非卖品。

一九九六年四月于上海观景楼

# 宋云彬北京日记

　　此载《新文学史料》一九九九年第四期，起一九四九年九月一日，迄一九五一年六月二十八日，中有两三个月因作者事忙或疏懒缺记。这一年多时间，正是中国共产党领导全国人民及各界人士建国建政的重要时期，山河除旧布新，迅即成为首都的北京一片欣欣向荣的开国气象。宋云彬以民主进步人士代表的身份，应邀参加第一届全国政治协商会议，经历了这段时期前后的活动。这份留京日记记录了他的见闻和交游，虽然零散无序，却很真实生动，可勾稽出不少有趣的史料。由于当初不像李越缦写日记目的就是为了给后人看，所以有些看法评论，直抒胸臆，不加掩饰。杂志主编也没有因为发表这份直言无忌的日记可能得罪什么人，而随意删略，或用方框代替人名如常见者，免去读者大费疑猜，这就更为难能可贵。

如日记所记一九四九年九月二十一日至二十四日政协大会发言情况，在正式的官方报道中，就是不可能看到的。九月二十一日记云："演讲以宋庆龄的最为生动，毫无八股气，可惜她不会说国语，用一口道地的上海话念出来，就没有劲了。陈毅的最简单，也很得体。宋庆龄讲话时，正雷雨大作，电灯熄灭，幸不久就亮。"九月二十二日记云："今日作报告者，大都就拟定之报告书宣读一过，所费时间不多，独谭平山作口头报告，一口广东话，说来又不甚有条理，费时一点钟。"九月二十三日记云："今日起开始进行大会主要发言。傅作义发言最坦率，谓此次赴绥远，蒋介石曾来电邀往重庆，有'足下此次脱险，颇与十年前余自西安脱险相似，深可庆幸'之语，然余决不为所动，今日得参加大会，站在讲台上发言，真是既惭愧，又荣幸，更无限兴奋云云。"九月二十四日记云："继续由各单位代表作主要发言。陈嘉庚平时颇善讲话（虽然说的是土话，必须翻译），今天照发言稿一个字一个字念，像过去私塾学生念书，听起来颇有滑稽之感。梅兰芳善唱戏，但上台读演讲词可不成。张难先发言不落窠臼，生面别开，毫无八股气息，博得全场掌声。"

从这份日记，不难略见当年京华冠盖云集的盛况。许多民主进步人士，追随共产党多年，摇旗呐喊，同甘共苦，如今也分尝胜利的喜悦。这本日记透露某些知名人士建国初期急求进用急求大用的一二表现与心态。如一九四九年九月二十八日记云："沈老（钧儒）报告中央政府委员会及政协全国委员会名单协商情形。史良两个委员会均无其名，大为不平，实则已内定任彼为司法部长，被选为委员无关宏旨也。"按这段记述有不够明确处：一是可能史良自己尚不知已内定司法部长，故对未入选两个委员会表示不平；另一可能是史良已知内定做部长，但仍对未入选两个委员会表示不平。同日此条下续记云："沈志远、千家驹等聆衡老（沈钧儒）报告政协全国委员会预拟名单中有丁西林、竺可桢，大不谓然，以为彼等平时不谈唯物辩证法，有何资格当选。这类意见颇为浅薄。"今天看来，"平时不谈唯物辩证法"，也可成为不许别人做政协委员的理由,不仅浅薄而且可笑,但当时却是一本正经提出来的。这最后一句连同以上记述,表明宋云彬对部分民主人士中这类居功邀功及争功现象以及排斥异己的极左作风,是持批评态度的。

这些人士中,柳亚子又与众不同。一九五〇年七月二十三日记云:"十时三刻偕妻赴北京饭店望柳太太病。柳太太患风湿病,已渐就愈。柳亚老仍在'低潮'时期,连谈话都无兴致也。"按:此时距毛泽东写那首著名的七律《和柳亚子先生》"牢骚太盛防肠断,风物长宜放眼量"的诗(一九四九年四月二十九日),已有一年四个月,其间新中国成立,柳亚子先后当选为中央人民政府委员、全国人大常委等职,但直到宋氏夫妇看望他的这一天,似乎尚处在未获大用的失落"低潮"中,牢骚尚未平息下去。又隔三月,宋云彬再去看他,似乎又解脱出来了。日记同年十一月十九日记云:"上午九时半访柳亚老,并送还'南社记略'原稿。亚老近来又太兴奋,喜管闲事。前数天民革开会纪念孙中山,邵力子讲话,谓亚老长于文学,不懂政治。亚老大怒,书一长函致邵，尽嬉笑怒骂之能事，经人劝阻，未发出。今日以原稿交余阅看，相与大笑。"柳亚子这封信，当是一篇奇文，可惜日记未加摘录，大概柳氏文集也不会收录此文。柳氏是民主人士中一个特殊的人物。又一人为章士钊，然柳狂放，章谨伤。宋氏日记中这两小节记述，寥寥数笔，足可为柳氏的狂放传神。

民主党派的活动，在这本日记中也时有反映。宋云彬原属救国会，救国会又加盟民主同盟。后救国会解散，原救国会会员即直属民主同盟。但原加盟民主同盟的几个小党派，却自谋独立发展，不愿再依附民盟。一九五一年二月，宋云彬与周建人、沈兹九等被任命为浙江省人民政府委员，同赴杭州，出席省府会议。二月十六日会间记云："兹九言，乔峰（周建人）专为民促（即民主促进会，今称民进）拉同志，对民盟颇冷淡云。"四月二十日记云："曹渠来，略谈民盟杭市支部事，约定明日详谈。乔峰此次赴杭，其唯一目的为组织民进杭市分会，今日下午有六七新会员来开会，俞子夷亦在内，余佯作不闻不见。"可见周建人极热衷为民进发展新会员,在民盟外自立门户。到一九五七年"反右"时,这就叫"恶性大发展"了。当然宋云彬也在为民盟建立杭州支部而操心,后来就做起了浙江省民盟副主席。

宋云彬以书生从政,开头做一小京官(出版总署编审局处长),虽然不像他的民盟朋友那样企求高位,但也未能免俗,有时不免有落寞之叹。一九五〇年二月二十五日记云:"余为(郑)振铎言,俟教科书编纂工作告一段落,当赋归去来,或余妇先南归,余暂留京。振铎笑答曰:'何必悲观。'沉思有顷,又曰:'请汝编教科书,实在是分配不得当的。'"这也有点弹铗而歌之意了。幸而不久就得到浙江省人民政府委员任命,但他对有两位学术界老友,骤登高位,居移气养移体,动辄居高临下的学阀作风还是看不惯的,并敢于提出批评。一九五〇年三月二十七日记云:"十九日《光明日报》副刊《学术》(两周刊)载郭宝钧一文,述安阳发掘发现殷代先王墓,以奴隶殉葬,有'入周以后,此风稍戢'之语,郭沫若读之大怒,撰一文驳之,结论则谓郭宝钧不懂马列主义云云。《光明日报》不将郭沫若文转与《学术》编者，而二十日该报在第一版特辟专栏刊载之。余今日致函《学术》编者叶丁易君，谓：论理，《光明日报》编者应将郭沫若文转与阁下，编入《学术》，今竟特辟专栏刊载之，大抵见了'郭沫若'三个字，不敢怠慢，觉得非'特载'一下不可也。郭沫若先生火气亦太大，郭宝钧仅仅说了'入周以后，此风稍戢'就被戴上一顶'不懂马列主义'的大帽子。学术讨论，须平心静气。此种学术专制作风实在要不得也。"这是对已荣任中国科学院院长郭沫若的意见。另外对时任出版总署署长胡愈之也表示不满。一九四九年九月一日记云："下午一时二十分，偕周建人、武纾生赴艺专参加追悼冯玉祥大会。余所撰挽联，有'何来会议徐州，功过还须后世定'之句，愈之以为对冯有微词，不采用，改书'大树凋零'四大字代之。按庾信《哀江南赋序》'将军一去大树飘零'，未闻'大树凋零'也。"这表面是说胡愈之不懂用典，改错了；实质是对以政治亲疏论英雄做法表示不满。一九五〇年二月七日记云："下午二时赴总署出席局务会议。愈之认为编辑中学教本为极简单极容易之事,余反唇相讥,谓编教科书与编《东方杂志》不同,君但知编杂志耳,对于编教科书固不了了也。"这是对署长的当面顶撞了。倘换一个处长,恐不敢这样讲话的。

日记中有一条关于章乃器收藏假古董的记述,将来若有人编名人轶事之类的书,这是饶有兴味的材料。一九五〇年二月二十一日记云:"下午四时有学习会,忽接振铎电话,谓余心清代章乃器邀请客人喝酒,并看古董。未几,振铎坐汽车来接,余即退席,偕振铎、赵万里及蠖生前往。章氏购有铜器、瓷器、陶器三千件,大抵皆赝品也。章氏最后郑重捧出一手卷,用楠木作匣,装潢极精致,曰'此非赝本,大可观赏也'。视其题签,则为'李龙眠阿房宫图'。李龙眠而写阿房宫图已甚奇突,展卷视之,则虽以余之不懂书画,亦不必终卷而知其为赝本矣。"按章乃器的收藏古董,"反右"时是作为一项玩物丧志的资产阶级腐朽作风来揭发批判的,倒是没有批他收的全是一些假古董。

《新文学史料》在这份日记后，附有宋剑行所撰《宋云彬小传》。剑行的名字在日记中屡见，应是传主的哲嗣。小传说，宋云彬"一九五七年被错划为右派"。按照这份日记所表露的作者的独立思想与书生本色，以之施于行事，"被错划为右派"，是一点不奇怪的。然"错划"一语，实为赘词，划则划矣，何"错"之有！

二〇〇〇年四月二十五日

原载《万象》杂志

# 沧桑饱经征交谊

## ——怀陆澹安先生

　　《文学报》的总编辑送来一组陆澹安诗作，并要我写一点纪念文章，这使我得以回想与澹安先生交往的某些情景。文章我是乐意写的，也是我长久以来的心愿，但几次提笔，却又不知从何写起。回想往事，心潮起伏，反而难以下笔。澹安先生长我三十岁。我尊他为前辈和师长，他却不以年辈分先后，视我为知友。外人几乎不知道我们二人之间有着多么深厚的交情。这是一九五七年"反右"以后，特殊环境所造成的特殊友谊。澹安先生把我同他的这一友谊，喻之为"饱经沧桑"，这是他在赠我的一本书上的题词，我现在就移来作这篇回忆文章的题目。谈起这句话，就有一段往事可述。《小说词语汇释》是澹安先生的一部著作，出版于一九六四年，他亲笔题签，分赠友好，我也在内。不久，"文革"风暴陡起，四处抄家，我知道不免，赶紧把有着澹安先生题字并图章的这张衬页撕去，免得暴露我们的关系，也叫他不受我的牵连。这样做，后来证明是大有必要的。在我以后没完没了的各种口头的和书面的"交代"中，便可不提他的名字，为他减掉了麻烦。有一位文艺界知名人士秦先生，也是澹安先生老友，因在"牛棚"久读《毛选》，想调剂一下，偷偷找澹安先生借了一部《西游记》，带到"牛棚"，放在《毛选》下面阅看。谁知不小心，被造反派发现，犯了不老实改造之罪。除批斗外，勒令交代书的来历，秦先生无奈，被逼讲出澹安先生名字，这下便增加了他的麻烦。造反派几次登门调查，要澹安先生写材料揭发秦先生宣扬"封资修"的罪行。这是澹安先生亲自告诉我的一件事。《小说词语汇释》这本书，抄我家时只被翻阅检查，未被抄走，幸而保存了下来。转眼一九七四年，到了"斗批改"阶段，我被放逐"战高温"，管制较松，朋友间稍可走动了，我便请澹安先生在这本幸存的书上补写题字。他欣然命笔，写了一段文字："沧桑饱经，存此（指本书)不易,即此亦足征我二人之交谊也。"这一段话,表明了我们二人关系的不同寻常。如今我特请《文学报》制版,以存真迹。当时他已八十一岁高龄了,但笔力仍健,还很见精神,一点不显苍老。

澹安先生中年以后,潜心碑帖之学,尤富汉碑的收藏。他曾告诉我,施蛰存先生也研究汉碑,时有切磋,但他的收藏超过施先生。据郑逸梅《陆澹安小传》所载,澹安先生这方面的著作有《汉碑通假异体例释》、《隶释隶续补正》等,所以澹安先生的书法,长于隶书,但我却更喜他的端楷真书,以为娟秀中特具刚劲之气,很像他的为人,外圆内方,可自成一家。就在他补写《小说词语汇释》题词的前一年,也是他八十岁那年,我请他为我写一幅真书条幅。那时一些老先生或书法家,为人写字,为免当成借古喻今或是影射什么,一律都写毛主席诗词。澹安先生给我写的字,却与众不同,录了一首龚定庵咏七夕的《南歌子》词:

灵鹊飞秋夕,香车驾暮烟。针儿七个尽情穿。略费玲珑七孔藕心钱。　床上宜施宝,琴中替辨弦。七襄报我定何年？且喜南楼七分好梦圆。

署款是"癸丑冬，幸翁，时年八十"，钤的章则是"澹盦"。我至今不明白，写字的时候冬日，为什么录一首七夕的词。扰扰尘寰，莫辨东西，是不是借用"好梦圆"三字，以当祝愿？但他的自号"幸翁"，我却是明白原由的。他一生澹泊自安，与世不争。他名澹安，是名实相副。他常对我说，他生平最维持两点不变：一不变是不做官，二不变是不参加各种党派。在旧时代，多少人拉他做官，又有多少人拉他参加国民党和别的党派，在富贵和名利前，他都谢绝了。

解放后，他拥护共产党，拥护社会主义，闭户著书，自愿做一个太平盛世的闲云野鹤。经历了一波接一波的政治浪潮，眼看朋辈的一个个落劫难逃，他以闲散之身，躲过了朋友们的不幸命运，真是大幸了。我想他确是凭这一点自称为"幸翁"的。这幅字最近我已托苏州桃花坞师傅装裱，不时悬挂出来，有朋友来不知"幸翁"是谁，我就介绍这是陆澹安先生手迹。

我与澹安先生情谊虽密，但过从并不密，一年最多相会三四次，不过每晤面必作半日谈。澹安先生健谈，但不像有的老先生那样只管自己讲话，旁人无从插嘴。他自己讲，也愿意听对方讲。所以每次见面，他告诉我很多事情，我也可告诉他一些见闻。天南地北，上下古今，都是我们的话题。谈得较多的是近现代的一些旧闻轶事、人物掌故。《文学报》总编辑送来的诗作中有两首《题鸳鸯蝴蝶派研究资料》七绝，使我想起我们关于这方面的一些谈话。我认识澹安先生时，他事实上已是所谓的"鸳鸯蝴蝶派"的有数的硕果仅存人物之一了。他主编过《侦探世界》杂志，自己写侦探小说，创造过一个李飞侦探；又参加翻译《福尔摩斯探案全集》，为推动中国推理小说成长和引进外国推理小说首开风气。不肖生（向恺然）的两部武侠小说名著《江湖奇侠传》和《近代侠义英雄传》，最初发表都在赵苕狂主编的《红玫瑰》杂志连载，每回由澹安先生撰写评语。后一部小说原名不很通俗，是由澹安先生改拟的。他还写了许多长短篇小说和散文笔记、弹词开篇等，是"鸳鸯蝴蝶派"作家中的多面能手。我们关于"鸳鸯蝴蝶派"的谈话，主要涉及三个问题：第一是对"鸳鸯蝴蝶派"这个贬义名词的看法；第二是对这派作品的评价；第三是对这派作家的论定。澹安先生在题《鸳鸯蝴蝶派研究资料》这一部书的七律中，对这三个问题基本上作了回答：

> 蛮触争雄已可怜，漫劳萁豆更相煎。
>
> 即今高处寒难尽，愿作鸳鸯不羡仙。
>
> 劫后神仙不值钱，而今鸡犬尽上天。
>
> 何如幻梦成蝴蝶，消受庄生一觉眠。

在我们的谈话中，澹安先生对"鸳鸯蝴蝶派"这个名称虽觉不妥，但不过一笑置之。倒是我为之不平，认为以偏概全，殊失公允，主张应称"通俗小说派"，而且不应排斥于新文学运动之外（近时持此论者已较多）。澹安先生诗说"愿作鸳鸯不羡仙"、"何如幻梦成蝴蝶"，意思是你们这些做神仙的叫我为"鸳鸯"、"蝴蝶"，我就作"鸳鸯"、"蝴蝶"吧，我并不羡慕你们这些做神仙的。神仙当然也指那些对通俗小说派不屑一顾的新文学作家又做了大官小官的人。

"蛮触争雄"和"萁豆更相煎"二句,指新旧文坛派别、门户之争的可怜可悲。这部《鸳鸯蝴蝶派研究资料》,一片讨伐斥骂之声,什么"封建的小市民文艺"、"逆流"、"反动",甚至"文娼"之类的词句都用出来了。这不怪编者,他只是编录资料,凡有资料价值的皆可收录。但由此可见新文学派排拒"鸳鸯蝴蝶派"态度的偏激,由来已久,于今为烈,澹安先生当然是不会以为然的。虽然如此,我们在谈到这方面问题时,他还是显得心平气和,并未义愤填膺。我曾向他表示过这样的看法,"鸳鸯蝴蝶派"作家虽被蒙上恶谥,但他们的人品,特别是苏州地区的作家群(这也是"鸳鸯蝴蝶派"的中坚和主要构成成员),他们在抗日战争和敌伪统治时期的表现却是大义凛然、坚持民族气节的,我并一一列举了这些值得尊敬的老先生们的名字,他们都是苏州人。我还说,这比起那些过去以骂"鸳鸯蝴蝶派"为时髦,后来却觍颜事敌不以为耻的文人来,真是鲜明的对照。我想,将来《鸳鸯蝴蝶派研究资料》这部书发行新版时，编者或许会从更全面的观点来注意这方面的资料。

在记忆中，有一次难忘的聚会。那还是在"反右"前，我还可以较为无顾忌地与人来往的时候，澹安先生约了严独鹤、平襟亚先生和我，在山东路的老正兴饭店小酌。据说这是正宗的老正兴，以本帮菜闻名，由澹安先生点菜，我所记得的只是一只"生煸草头"，那也是"正宗"的烧法。我看过独鹤先生的长篇小说《人海潮》。襟亚先生用"襟霞阁主人"名义刊印过不少明人小品集（惜校刻不精），也是我所熟知的。他们三位都是经历了几个朝代的人，阅历既多，这时已进入绚烂归于平淡的境界。席间大家喝了好几斤绍兴花雕，兴致很高，脸红红的，话也多起来。其中独鹤先生颇善谐谑，引得笑声不断。那一次三位老先生，倒真是开怀畅谈畅饮，想来这样的小聚机会，在他们来说也并不是很多的。我同严、平二位，仅此一面，以后风云日紧，彼此就各不相顾了。

我在澹安先生处遇见来访的老友，只有郑逸梅先生。他与我互通姓名后谈了些什么，都已忘却。后来忽然在一九八二年出版的郑先生所著《艺林散叶》第四千二百三十五条看到"钱伯诚为颜文樑撰年谱"的纪事，真是惊异，同时佩服郑先生记述之勤，巨细无遗。但他把我名字中的"城"误为"诚"，这是朋友中常常弄错的。

曾子说："吾日三省吾身：为人谋而不忠乎，与朋友交而不信乎，传不习乎？"朱熹排列三者的次序，以忠信为传习之本，可见忠信是做人的根本规矩。回想澹安先生往事，最使我怀念的，也就是他的这个身体力行的做人的规矩。我希望澹安先生的著作，应该整理成集；他的生平事迹，也应编写年谱。这是近现代珍贵的文学史料。

澹安先生长我近三十岁，是我的前辈，但也是忘年之交，并且可以称得上是知交。所谓知交，我看至少要有两个必要条件：一条，彼此有相投的意趣，谈得来，合得拢；另一条，也是最重要的一条，就是彼此相信对方不会出卖自己。这后一条，平日是看不出来的，但在政治风云突变或利害冲突的时候，就表现出来了。"与朋友交而不信乎"，这句话流传了几千年，但这个"信"字，能做到的并不多，而澹安先生是做到了的。

澹安先生在"文革"中曾有诗道："小劫幸逃容啸傲，余年待尽任沉浮。"他曾对我说，他的处世之道是"不争"：不与世争，不与人争。所以他决不参加党派，也不参加公职。虽然曾有不少朋友一再劝他出山，他则不为所动，故而幸得逃过一些劫难，所以以"幸翁"自慰了。

澹安先生的著作，除《小说词语汇释》外，还有《戏曲词语汇释》，也是传世之作，那是他已归道山后方出版的。寒斋亦有藏本，却无从请他签署了，为之抚卷怅然！

一九九五年

〔附〕陆澹安诗抄三首

重九登大可寓楼作清谈归途口占（一九六九）

登山无计且登楼，聊把清谈作壮游。
小劫幸逃容啸傲，余年待尽任沉浮。
读书举喜研新义，阅世相期豁远眸。
浪掷精神休自笑，焉知敝帚不千秋。

### 无题（一九七〇）

甘心作老九，自矢不觉臭。
愿他香孩儿，永永获天佑。

### 无题（一九七一）

春江水白水纹青，徒倚桥头感慨深。
四野犬声人迹静，不堪惆怅到天明。

# 往事回首怀罗老

罗老罗竹风,卧病三年后,一九九六年十一月四日,从容离去了。罗老住院期间,我每年去看他两三次。他一如平日,谈笑风生,乐观旷达,不以生死为意。有一次见面,他忽然拒绝握手,原来他响应某学者倡议的拱手礼,并以此做移风易俗的实践。那次会晤,主要就是听他大谈拱手礼的好处。我们都知他已重病在身,却还如此生气蓬勃,热衷新鲜事物。不过后来我再去看他,他又恢复握手,不再提拱手礼了,大概坚持不易,习俗难改。但我还是赞赏他的不知疲倦的求索精神。他虽住在医院内,仍极关心时事。每次见他,他总要问起一些反腐倡廉的事情,对社会上的丑恶现象,表示出极大的愤慨。罗老一向嫉恶如仇,直言敢议,这一点可说至死不变。古人很重视一个人临终前的言行表现,并以此作为评价个人器度名节的一部分。张籍是韩愈弟子和至友，他有祭韩愈诗道：

> 公有旷达识，生死为一纲。
>
> 及当临终晨，意气亦不荒。
>
> 赠我珍重言，傲然委衾裳。

我虽未能亲自为罗老送行，听取他的遗言，但我可以相信，以他平素的旷达和对生死的态度，他临终前的意气一定也是"不荒"的。前人说韩愈"信道明而自信笃"，罗老不也正是这样吗？当然罗老所信的是马克思主义的"道"。

罗老自然化去，躯体归为尘土，声名却长留世间。虽说生死乃人之常事，我仍感到深深的悲痛，因为我失去的是一位称得上相知颇深的良师益友。"文革"十年，人与人互存戒心，许多亲友长年不相往来。但也有因偶然机缘，原本不相识的人，或年龄、地位原有一定距离的人，却成了朋友，甚至是很好的朋友。我同罗老就是这样的情形。罗老在"文革"前已是名人，我早知他的名字。我在出版社做编辑，默默无闻；他是出版局局长，隔了好几层领导关系，他当然不知有我此人，尽管当时我是罗老在六十年代初提议创办的学术刊物《中华文史论丛》的责任编辑，但同他并没有什么接触。罗老做报告，直接爽朗，不像有些领导那样长篇大论，拖泥带水，催人入睡。因此罗老做报告，大家爱听。他还多次邀请当时任华东局宣传部副部长的俞铭璜给出版系统做报告，俞是很会讲话的人，常能讲一些知识分子爱听的话。俞也写杂文，他用"于十一"笔名写的杂文，与人辩论"死背硬记"教育法的利弊，无关国计民生，不会发生影射错觉，却活泼热闹，颇能打破舆论界的沉闷空气。因此罗老给我们这些小编辑的印象，很开明，也很开朗。罗老用"骆漠"笔名写的杂文《杂家》，便是在这段时间发表的。时为一九六二年，是"大跃进"失败后的一段松弛时期，报纸正宣传"双百"方针，舆论有所宽松，"毒草"有了滋生土壤。罗老显然受了影响，所以写出了《杂家》文章。记得那天我在《文汇报》上看到这篇杂文，不禁脱口说："这篇《杂家》为我们编辑说话了，这个骆漠不知是谁？"这句话被人听到，记录在案，后来便成了我作为"罗竹风吹鼓手"之一的罪状。有一次开"大毒草《杂家》批斗大会"，我也被拉上台，与其他"吹鼓手"一起，参加陪斗。但罗老仍不认识我。

如果罗老不写《杂家》，一直做他的局长，我一直做我的小编辑，尽管同在出版系统，我们还是不会认识或做什么朋友的。然而世间事向来是不按"如果"发展的。

罗老认识我，是在进入七十年代"文革"的后期阶段。我们同在东海之滨的"五七干校"劳动，当时的"斗批改"实际已是"斗批散"，我被放去工厂"战高温"，罗老是"走资派"和"现行反革命分子"，则调回市内参加学习班。造反派忙于争夺权位，又忙于落实一个接一个的"最新指示"，放松了对我们这些"牛鬼蛇神"和"死老虎"的管制，因而我们之间就有了悄悄的来往，即造反派称之为的"反革命串连"，其实不过是见见面，问好聊天罢了。罗老与我在一个共同的朋友那里偶然遇见，交谈起来，居然一见如故。罗老的年龄、资历，都是我的前辈。他却不以前辈自居，使我对他更加敬重。我同罗老居处相近，十分钟时间便到。有一个时期，几乎每天见面。见了面，上下古今，无所不谈。罗老这时单身一人，妻子、女儿为了躲避可能再次发生的"毁灭性抄家"而举家迁往青岛。我去看他，房间里真是家徒四壁，什么家具都没有，睡的也是地铺。他却怡然自得，把抄家剩下的几本书叠起作小凳，请我坐下。谈起日常生活，他说他的主食是煮面条与啃"锅魁"（一种山东大饼，坚实而厚）。他说："行，对付着过。我不爱吃那些洋玩意（指面包之类的西点）。"他说他乘这时间，读了不少书。他主要读《二十四史》，地铺的枕头边常堆着一摞书，大概是向尚有藏书的老干部借来的。他曾代我借过一部"内部发行"的《战争风云》，在那除了《毛选》无书可读的年代中，为我饥渴的精神生活增添了一次丰盛的大餐，书中关于斯大林和希特勒的精彩描写，使我至今难忘。

一次，我去看望罗老，他正在看一本《明史》。一见我，他兴奋地指着翻开的书，对我说："你看，你看！出处原来在这里！"

我一看，是《明史·朱升传》。顺着他的手指，是这样一段文字：

> 太祖下徽州，以邓愈荐，召问时务。对曰
> （指朱升回答）："高筑墙，广积粮，缓称王。"太
> 祖善之。

我还没有反应，他又急说："这不就是'深挖洞，广积
粮，不称霸'的出处吗？历史果然不可不读！"

我说这记载似乎简单了点，我有一本抄家剩下
的《国榷》第一册，回去查一下，看有没有详细些的
记载。第二天，我拿来《国榷》，我们一同在至正十
八年的纪事下看到如下记载：

> 吴国公（指明太祖朱元璋）自宁国趋徽州，
> 道问故老耆儒，赐布帛。前池州学正休宁朱升
> 对曰："高筑墙，多积粮，缓称王。"吴国公大悦。
> 又儒士唐仲实、姚琏来谒，问："邓愈筑城，百姓
> 怨乎？"仲实曰："颇怨。"立罢之。

看来这位明太祖还真懂得点民情，他下命令"高筑
墙"，竟想到要问问老百姓怨不怨。"缓称王"也没
有食言，一直过了六年，到至正二十四年方晋位吴
王。明太祖这三项政策，当然是出于他的立足于打

天下的战略考虑，但并不一意孤行，能闻过即改。可见他的见识不输今人。

"四人帮"的覆灭，使我们惊喜欲狂。但老干部的平反与复出，从中央到地方，还要走一段漫长的路。罗老也不例外，仍是"三不管"的闲人，等待落实政策，而政策出台尚待时日。他常到我的住所闲谈。我请他吃从北京带回的"满汉点心"，不过是几种花式异样而质地相同的坚而粗的糕饼，他却吃得津津有味。那时有北京亲友来，总带些北京土产，如茯苓饼、蜜饯之类，但最受欢迎的则是三元人民币一盒的"满汉点心"，粗皮纸包装，方的圆的满满一盒，极耐咀嚼。我们吃着点心，佐以浓茶，谈天说地，自是一乐。

后来，罗老总算落实政策了，下放到上海古籍出版社。办公桌放在社长室里，却没有名义，帮着看看稿子。《中华文史论丛》复刊，他又兼看一些《中华文史论丛》稿件。大家都心中有数，知道罗老在出版社不过是过渡性质。但过渡到什么时候，时间又显得好像长了些。罗老坦然豁达，不把这些事放在心上。他审读书稿，认真负责，特别对一些老学者的文稿，关怀抢救。对一些具有学术质量但存有争议的书稿，往往剀切陈言，不因"不在其位，不谋其政"而有意避嫌。他在出版社的几年，曾根据"双百"方针和知识分子政策提出过许多很好的建议，留下了踏实的工作业绩。我曾同他开玩笑，说："罗老，你是做大事的人，出版社是留不住你的。陈涉称王，乡下的老乡去看他，见房屋那么高大，叹道：'夥颐，涉之为王沉沉者！'将来你做大官，我去看你，也要'夥颐，夥颐'了！你不会像陈涉那样摆官架子吧？"他听了哈哈大笑，连说："我不做官，我不做官。但你说的'夥颐'，形容乡下人的惊讶口吻，司马迁用这两个字，实在妙极了。"

出版社虽然没有留住罗老，但他在担任上海社联主席期间，仍主编了《汉语大词典》、《中国大百科全书·宗教卷》和具体主持了《辞海》的修订编纂等大规模的文化建设工程，这些都还是与出版、编辑工作有关的。上海出版系统的工作人员是会永远记住他的。

一九九三年，北京的C君来上海，他是杂文名家，"反右"的飓风将他吹逐上海，落户某出版社。"文革"后召回北京。所以C君同上海出版界也发生了渊源。我便约了C君和罗老，还有"文革"中误入出版社、"文革"后重返新闻界的S君，一同在我的简陋住所小聚。老朋友相见，大家谈得很高兴，但谈些什么，已记不起了。只记得吃饭时，有一碗红烧肉，我怕他们不吃肥肉，想不到三位老先生最爱吃的就是这一道菜。他们一面大块夹肉，一面连声称赞。C君对此念念不忘，有次来上海在一书店看书遇见，尚提及此事。有次给我一信中，亦提及"红烧肉"，大有大快朵颐之意。

那晚还喝了点酒。罗老喝得不多，但豪气依旧，不拘泥于一般老人那样以禁忌为主的饮食保养方式。饭后各散，我陪同罗老，踏着满街的灯光，一直送他到他的公寓住所门前（"文革"中我们有一次"老夫聊发少年狂"，我也在晚间扶送半醉的罗老到他的公寓门前）。这是我与罗老的最后一次聚会。随后不久，就听说罗老因病住院了。

古今才识之士多矣，但真能令人怀念的，却屈指可数。由今人，我常想到古人；由古人，又常与今人比照。有意思的是，古今人多有相通之处。前面提到韩愈，是一个倔强之人，但也是一个性情中人。这里仍提韩愈。李翱《韩文公行状》说："公气厚性通，论议多大体。"皇甫湜《韩文公墓志铭》说："公洞朗轩辟，不施戟级。……可谓乐易君子巨人者矣！"我觉得用他们记韩愈性情的话移来形容罗老的为人，最贴切不过了，可不用我再词费。我每想到罗老，脑海中仿佛就看到了这样一位"乐易君子巨人"的身影。

　　　　一九九七年八月十九日，于观景楼
　　　　原载《罗竹风纪念文集》

# 子展先生二三事

## ——为陈子展先生百年诞辰作

　　陈子展先生，早在三十年代，已是知名的学者、作家。陈望道主编的《太白》、黎烈文主编的《中流》和徐懋庸、曹聚仁主编的《芒种》等刊物上，常可看到他的小品文。他写的小品文，针对现实，尖锐犀利，不是"闲适"一路，与鲁迅的杂文很接近。他也参加一些文坛论战，发表自己的独立见解，保持"五四"的反传统精神，但不卷入意气之争。我那时少不解事，但求知欲强，什么文章都看，也有自己的标准。在我的想象中，陈子展应是一位身着中国长衫、面容清癯的中年书生。为什么会想到他着的是中国长衫呢？说不出什么道理，大概受鲁迅影响，厌恶当时那些衣着入时的"洋场才子"们吧。至于面容，那是以为文人清高，自然应是清瘦的。

　　等我有幸正式相识子展先生，已是解放后的五十年代。他当然不会身着长衫了，与大家一样，穿一套朴素的蓝布中山装。体态也并非我想象中的清癯型，反而有点够得上算是微胖型。他住虹口，寓所简陋，倒可算清贫型。一口湖南音，但听得懂。我认识的湖南学者中，像陈旭麓先生，他的湘潭乡音，我就只能略辨四五。我是为子展先生的一部《国风选译》的书稿，去拜访他的。解放后他不再搞新文学了，转而从事古典文学，主要是《诗经》、《楚辞》的研究，《国风选译》就是他的研究成果之一。我记得那时还是新文艺出版社，我在古典文学组做编辑，奉社长李俊民之命，与子展先生联系。但这部书的出版，则是在一九五六年古典文学组从新文艺出版社分出来成立古典文学出版社的时候。紧接着又出版了《雅颂选译》，与《国风选译》为姊妹篇。我与子展先生的交谊，就是由他的书稿开始，尔后多次来往，建立起来的。彼此对许多学术问题，几乎全有相同的语言，所以见面无论谈正事或是随便聊天，每次都感到十分融洽愉快，没有因年龄资历的差距而有所隔阂。有时为补晤谈之不足，他还致我长信，约有十多封，可惜都在如他所说的"世局苍黄"（见《诗经直解》序，指"反右"、"文革"）中散失了。

我们的交往，至一九五七年的"反右"而中断。我所听说他之成为"右派分子"的经过，今天看来颇具戏剧性，合得上旧小说常用两句话：闭门家中坐，祸从天上来。不知他是不是对"阳谋"早有觉察，坚卧不出，对"引蛇出洞"的各种鸣放会议一次也不去参加。后来成为"大右派"的孙大雨，据说在他去复旦参加最重要的一次鸣放会议途中，特意到陈子展寓所，邀他一同前往，被他坚决辞绝。应该说，他既无言论，更无行动，即使按照"反右"的最起码条件，也是无法定为"右派"的。但在预先布下的罗网中，终于难逃此劫。鸣放时不谈话，孙大雨邀他开会，等等，这些都成了他的"罪状"。但也听说，他对这次闹剧，处之坦然，蓄起了长须，更不问闻外事。

从此我与他不通音讯足足有二十二年之久。一九七九年，我去他的长乐路新居探望，没有见到他的长须，问起此事，他放声大笑，摸着光光的下巴,说道:"这叫重见天日!"仍如过去那样开朗直爽。岁月的劫难,虽在容颜上刻印下苍老的痕迹,却不能磨损他不屈的坚毅精神。他告诉我,即将完成两部"直解":《诗经直解》与《楚辞直解》。这是他一生研究这两部古代经典的总结。一九八三年,《诗经直解》由复旦大学出版社出版,他亲笔题字特请范祥雍先生送赠给我,这时他已迁居复旦宿舍。复旦大学用无限深情迎回了这位饱受风霜的老教授。《诗经直解》的扉页上,用大号字题着以民族气节著称的王船山的两句诗:

　　　　六经责我开生面,七尺从天乞活埋。

王船山也是湖南人。我想这既是子展先生自勉,也是自况。上句指治学,不俯仰随人;下句指做人,强项不屈之气如见。

　　子展先生爱才惜才,奖掖后进,不遗余力。故友杨廷福告我,他考复旦,国文得第一名,但数学零分,已无望录取。子展先生其时是中文系主任,爱惜廷福之才,为之力争,最终得破格录取。廷福后以文史及佛学名家,亦有本师风骨,侃直敢言,遂同罹丁酉(一九五七年)之厄。范祥雍先生更是子展先生慧眼识拔的学者。祥雍早年隐于商，邃心经史，并从子展先生游。子展先生为之推挹奖荐，遂为士林所重。所著《洛阳伽蓝记校注》的出版，子展先生推荐之力居多。上海古籍出版社、中华书局曾先后聘任特约编审。后专治《战国策》、《山海经》二书，笺释之稿近百万字。

子展先生自述一生，"衣食于奔走颠沛之途，教书糊口，卖文为活，幸免冻馁以死"(见《楚辞直解》凡例)。这是中国知识分子安身立命的品格：不慕荣禄，坚贞自守。但也有追求，为真理而追求。"路漫漫其修远兮，吾将上下而求索。"这是《离骚》有名的句子。鲁迅题在他的《呐喊》的书首。从屈原到鲁迅，到陈子展，一代一代的中国知识分子就是这样求索他们的路的。

戊寅仲春，于观景楼
原载《东方文化》杂志

# 怀老报人许君远

老报人许君远去世三十多年了，现在的新闻界恐已不大有人记起他的名字。但是三十至四十年代，他却是一位名记者，曾任抗战胜利后上海《大公报》编辑主任，主持每日报纸版面编排。又是一位出色的体育记者，分管《大公报》的体育版。那时收音机还不普遍，更没有电视，人们获取体育消息靠的是报纸体育记者的一支生花妙笔。《大公报》的体育新闻，在同时的报纸中也办得有声有色。《大公报》有两位名报人钟情体育：一是徐铸成，他进《大公报》开始做的就是体育记者；另一即是许君远了。新中国成立，万象更新，上海《大公报》停刊北迁，许君远留下转入了出版界，参加李小峰（北新书局）、黄嘉音（家出版社）等主办的四联出版社。许君远为什么离开《大公报》，我没有问过他原因，但我猜想，他虽在《大公报》担任要职，但不是《大公报》嫡系；再则他在解放前的政治倾向属于中间派，现在《大公报》北迁改名《进步日报》（天津），他可能感到适应不了，所以另谋出路。这期间他写了几本古典小说通俗读物，还翻译了一部狄更斯的长篇小说《老古玩店》。公私合营时，四联并入上海文化出版社。一九五七年反右斗争起，许君远与李小峰、黄嘉音等一同被戴"右派分子"帽子。许是北京人，平素有燕赵豪士风，从此壮志全消，豪气殆尽，夹着尾巴做人，过上"云漫漫兮白日寒，天荆地棘行路难"的日子，于"文革"前两年（或三年）郁郁而终。所幸的是逃过了"文革"的一劫。

在许君远报人生涯中，有两件事很值得一提。

第一件，抗战胜利前夕，天主教南京教区大主教于斌奉派去欧美各国作民间访问，为中国抗战做宣传工作，许君远任英文秘书，随同出访。待归来时，日本已投降。许君远将欧美之行，写了十多篇通讯，历叙社会见闻，风土人情，以及好莱坞电影，无所不包。这些充满异域风光的采访报道，生动活泼，文笔轻松，在上海《大公报》上陆续发表时，成为广受读者欢迎的一个专栏。《大公报》记者的国内外通讯一向是出名的，但许君远写的通讯，观察取材的角度别具一格，所以能在《大公报》的一些名牌通讯中独树一帜。

第二件，出任上海《大公报》组建的大公篮球队队长。抗战胜利后的几年间，上海人忽然喜欢看起篮球来。这股"篮球热"的兴起，《大公报》很有功劳，宣传鼓吹，不遗余力。全市产生了好几个具有实力的篮球队，天天有比赛，吸引了无数球迷，也出现了一些使球迷倾倒追慕的篮球"明星"。同商务印书馆在出版界一样，《大公报》在新闻界，也目光远，能开风气之先，重视体育运动的宣传提倡，并且舍得出钱花钱。早在抗战中期，在重庆时，《大公报》就曾提倡滑翔运动，向国外定购滑翔机，聘请一位姓韦的著名飞行员举行滑翔表演，掀起了陪都山城的"滑翔热"。后来事实证明，这对培养提高国民的航空航行素质，起了良好的推动作用。这次《大公报》为提高中国篮球运动的水平，又出钱赞助邀请菲律宾的华侨篮球队回国比赛。菲律宾的篮球是美国人教练出来的，技战术灵活新颖，尤擅长中国球员见所未见的变幻莫测的假动作，简直神出鬼没，使人眼花缭乱。这支菲律宾篮球队名叫"黑白"，一时间把中国的几支有名强队打得落花流水，一败涂地，引起了中国球迷和体育界大轰动、大震动，觉得至少在篮球方面不能再闭关自守、孤芳自赏了。这支菲律宾黑白篮球队的所有队员，后来便由《大公报》全部以高薪吸收为报馆职员，组成大公篮球队，队长就是许君远。凡有比赛，许君远都以队长身份，亲临督战。许多人为看一场球赛，都来找他求他要票。他曾对我说，他为此着实感到风光了一阵子。但更重要的，还是由于《大公报》的实质性推动，中国的篮球运动水平得以上了一个新台阶。许君远在这中间也是出了力的。

许君远去世那天，我夜间闻讯，清晨赶去，尸体已被移走，面对他遗下的妻儿孤女，除了表示哀悼慰问，怆然无语。我问后事，他夫人说已通知所在出版社，大概有一些抚恤丧葬费，另打算以家属名义提出，希望重版《老古玩店》，可以得些稿费，以作子女教育费之用。我知道这不大可能，"右派分子"的书稿一般是不会出版或重版的。此事果然没有答复。最近看到《中华读书报》登有上海译文出版社《狄更斯文集》十九卷本的出版广告，其中许君远译的《老古玩店》也在其中，为之高兴，他的名字想不到将以这本译著而传了。按照著作权法，译作者的家属享有五十年的财产权，想来出版社是会找到许君远的家属交付这笔应付的稿费的。

一九九九年一月十一日
原载《新闻晚报》

# 老报人徐铸成

徐铸成一生办报，死而后已。即使很长时期被剥夺了办报权利，心底里还在办报。他亲手创办的上海与香港两地的《文汇报》，其业绩具在人间。"文革"后（确切点说，应是一九七八年"右派改正"后），他重返新闻界，虽然处于闲散地位，却迸发出少有的热情与活力。其时他已年过古稀，壮志犹存，雄心未已，重又拿起被迫废弃多年的笔来，为了追回失去的时间，在近十年中赶写出数百万字的一本又一本"报海旧闻"（如《风雨故人》、《张季鸾传》、《旧闻杂记》等），为香港几家报纸撰写专栏文章，同时还在复旦大学、厦门大学担任教职，讲授他积数十年办报经验的"新闻烹调学"。但是他的最大心愿，念念不忘的，仍是在他有生之年能再办一张新报。他对我说，这张报纸将办在香港，为国家的海外宣传出点力，以民间面目出现，避免官方色彩，要

"小骂大帮忙",取得读者信任,这样宣传的效果会更好一些。他准备请两位朋友做他的助手,其中一个是我,并说已把名字报上去了。这"上"指的是什么部门,他没有具体说明,我也没有问。我也有一个办报梦,当然乐于从命,但也知道能不能通得过,并不是容易的事。果然,过不多久,他告诉我有人说了一句话:"我们不需要'小骂大帮忙'!"这事就告吹了。他后来不再谈此事,故知道的人不多。但我想,此事未成,他是不会释然于怀的,只能是赍志而殁了。

一九九一年十二月二十三日上午,他拟去医院检查身体,临行上厕,事毕起身即倒地不起。据谓系心肌梗塞,抢救不及,终年八十五岁。四天后,上海《文汇报》于二版右下角刊出一块二寸见方周以黑框的讣告,报道他的死讯。按照我国报纸发布讣闻的规格,一版二版,带不带照片,都有不同的待遇。徐铸成的这个讣告,仅由报社署名,似尊重又似区别对待,规格显然不能算高。就我所见到的报刊,迄今未见任何悼念文章。人的是非功过,原不靠身后的哀荣褒贬来论定,但徐铸成这种情况不也多少反映一些世态人情吗?

一九八六年,徐铸成八十岁的时候,海外一些朋友准备在香港为他举行一个庆祝会,并已向他发出请柬,却受到了劝阻,最后未能成行。劝阻的理由是,像他这样一位名报人,应在国内祝寿为宜。后来好像是开了一个小型的集会,以示祝贺。倒是上海《文汇报》的一些退休老记者、老职工,在南京路上的扬州饭店办了两桌席,为他祝寿。我因抗战胜利后曾在刚复刊不久的《文汇报》有过一段短暂的工作关系,也获邀参加。那天来的都是平头百姓,没有领导讲话,没有来宾发言,也没有什么仪式,大家无拘无束,频频举杯,叙旧谈笑,气氛融洽愉快。徐铸成偕同夫人一同光临,他们是白头患难夫妻。夫人是一位典型的旧式家庭妇女,一心相夫,不计其他。丈夫在外遭难,她也在家连累受苦。十年浩劫,徐铸成被赶到一间只有十平方米的灶披间居住。这位夫人还带了一位相从数十年的老保姆,挤住在一起,整整住了十年之久。比起某些名人之妻，一旦丈夫倒霉，立即"划清界线"，离异而去，徐夫人是可风的了。中国家庭妇女的传统美德，大概就是表现在这些方面吧。

徐铸成是《大公报》出身。《大公报》在旧中国是中间偏右的报纸，但在中国新闻史上，由于它的敢于议政和不断创新的精神，却是影响最大、培育人才最多的一张报纸。《大公报》的第一代是张季鸾、胡政之与吴鼎昌（吴中途从政）；第二代主要有二人，一是王芸生，另一是徐铸成。从第二代起，《大公报》分化出中间偏左以至左派群体，这一群体的代表者即是徐铸成。这导致他最后退出《大公报》，另行主办《文汇报》。从抗战胜利至全国解放前夕——亦即第三次国内革命战争这段时期，上海《文汇报》实质上是起了中国共产党在国统区的政治战线同盟军的作用。它一方面揭露抨击国民党政权反共反人民的倒行逆施，另一方面则把中共的各项进步政策主张传播给全国人民。就它在当时所起的作用和影响而言，我以为即使比之为中国共产党在国统区内开辟的一块"解放区"亦不为过。

徐铸成无疑是当时中国共产党的忠实战友。正是由于这个原因,《文汇报》被国民党政权视为眼中钉,必欲去之而后快,终遭查封,于是徐铸成连同《文汇报》只得去香港另组新馆。香港的《文汇报》旗帜鲜明,立场坚定,完全站在中国共产党一边,与早已在香港立脚的中右报纸,唱起了对台戏。直到人民解放军以排山倒海之势席卷南下,国民党政权败局已定,方促使有的态度暧昧、立场摇摆的报纸开始转向,忙不迭地向胜利一方靠拢。一九四九年新中国成立,中共中央邀请在港民主进步人士北上参加第一次政治协商会议,徐铸成自在被邀之列。原来的中右派却以能否被邀而惴惴不安。但是想不到,到了一九五七年,一九四九年的左、右派地位就来了一个大变换,原来的左派成了"右派",原来的中右或右派,这时"重新排队",成了"反右"的"左派"。这不能不说是历史的一次嘲弄。

　　一九五七年的"反右斗争",使徐铸成的命运发生急遽转折,使他从战友、诤友、左派进步人士,一下子降为"批倒批臭"的"大右派"。"反右"的起因是"帮助整风"，口号是"言者无罪，闻者足戒"。但是，"右派分子"的悲剧就在于相信了"言者无罪"这句话，提意见时超越了应有的"度"。怎样适应这个"度"，是一门学问。这门学问需要集合数十万人的痛苦经历方能略通门径，然而对某些人来说，恐怕终生未能登堂入室。十年后，在闲谈中，徐铸成曾同我谈起这个"度"的问题。他说鼓励提意见时，你不提，显得不是"诤友"，提什么呢？最好的提法，莫如说某某同志呀，我对你的意见很大，群众对你的意见也很大（这时听意见的同志脸色阴沉下来），就是你太不顾及自己的身体了，日夜操劳，巨细不遗，这样下去身体能不垮吗（听意见的同志脸色开始转晴）？要注意身体呀，你的身体不属于你个人，是关系到革命和国家前途的呀（听意见的同志这时已满面笑容，但做出严肃听取样子）！这样就皆大欢喜了。我说，你这是说笑话吧？他说，笑话也含有真理呵。我至今还不明白，他这说的是笑话还是真理。

对"右派分子"的待遇，可说每况愈下，先还算是"敌我矛盾作人民内部处理",接着就被归入"地富反坏右"五类分子,境遇日惨了。徐铸成降职降薪,被逐出《文汇报》,调往上海出版局审读处。这就是徐铸成为什么有近二十年时间脱离新闻界而在上海出版系统"悔过改造"的原因。我是一直在上海出版界工作的,办公地点恰在出版局旁边,虽然同他不相往来(非不愿也,乃不可也),但他的一些情况却也从别人处时有所闻。有时,上下班在路上相遇,也打个招呼,但话是不多说的。他同平日一样,戴着厚厚的近视镜片,必须走近方能认出人来,脸上还是挂着一副平日常有的忠厚笑容。像所有"右派分子"一样,他几乎断绝了一切交往。

他是第一批"摘帽"的"右派"之一,举行了摘帽仪式。那时上海出版界的"右派"有二百多人。仪式在上海人民出版社的饭厅举行,我也躬逢其盛。主持会议的好像是出版局的党委书记或副书记,记不大清了,讲的话大概是"宽严结合"之类吧。最给人印象深刻的,则是立刻从直呼其名改称"同志",有如天上颁下的纶音,受者如醍醐灌顶,顷刻间从地狱回到了人间，顿生无限感激之情。但是宣布"摘帽"的只有二人，徐铸成是一个，再一个是李小峰。李小峰是原北新书局老板，鲁迅的著作大部分是他出版的；公私合营后，他并入了上海文化出版社，有了"资本家"身份，也成了"右派"。在场的大部分未蒙"摘帽"之荣的"右派"，一看"摘帽"的比例如此之少（百分之一还不到），都不免有点泄气，轮到自己不知何年何月。徐铸成和李小峰都讲了话，表示感激党的恩情，要努力学习，脱胎换骨。这是当时"右派分子"朝夕不离的口头禅。最后由李小峰所在出版社的党支部书记讲话，声色俱厉，警告一切尚未"摘帽"的"右派分子"，莫以"改造"为儿戏，若不痛改前非，诚心悔罪，只有死路一条。这番杀气腾腾的训词，把会场仅有的一点祥和之气，一扫而空了，在场的"右派分子"莫不从心底又感到了透骨的寒气。散会后，我走到徐铸成身边，向他道贺。他微微苦笑，看近旁无人，轻声说："做戏！"我吓了一跳，装未听见，忙走开了，但心里很佩服他的勇气。听说他后来不再提"改造"、"有罪"这类的话，不像有的人出于无奈成天把这些话挂在口上，逢会必讲。他不愿再说违心之言，便成为他不断受到歧视的原因，即使在"文革"之后。

徐铸成的这台戏继续做下去。由于他是知名人士，开始真有点礼遇有加的样子。原《文汇报》经理严宝礼逝世，登在报上的治丧委员会名单，除了上海市的党政要人（好像柯庆施亦在内），也有徐的名字，这是公开宣布他"回到了人民一边"。但是好景不长，很快就到了史无前例的那场"革命"。其时徐铸成已从出版局调到出版文献编辑所，当一个普通编辑。他虽已"摘帽"，仍是"摘帽右派"，又是"大右派"，这时更是"老右派"，自然成了显著的目标。《文汇报》和出版系统的造反派联合起来，把他"揪"了出来，揪回到《文汇报》进行批斗。我记得有一天的《文汇报》头版头条，大字标题就是赫然的"揪出大右派徐铸成"，并欢呼这是"毛泽东思想的伟大胜利"。从此大会斗，小会批，只要是出版界和新闻界的批斗会，无不有徐铸成的踪影，不是主斗，即是陪斗。有一次在南京路上海杂技场的环形剧场内，我同他相遇。这是一次出版界批斗大会,押上台的"牛鬼蛇神"胸前都挂一块大牌子,写明身份。我正好站在他身边,相视无语。又一次是在衡山路的风雨操场,这是一次宣传系统的宽严结合宣判大会,宣布了两个从宽和从严处理的典型,各自现身说法。但我听下来,那位出版界从严处理的典型,交代和检查都很深刻,并不比新闻界那位从宽处理的典型差到哪里去。但既要分出宽严,谁好谁坏,就得由造反派来定,这也是"做戏"。会议中间,一些来此受教育的"牛鬼蛇神"由造反派管领分成一堆堆坐到草地上谈体会,并结合小型批斗,这叫作"大会套小会"。徐铸成同我分在一堆,我看他没有抢着发言,混过去了。

接着便进入了"五七干校"时期。"牛鬼蛇神"被监督劳动,开批斗大会,徐铸成照例陪斗。造反派忙于内讧,不断有新的"分子"揪出来,什么"五一六分子"、"共向东分子"等等,很为热闹,对"牛鬼蛇神"(特别是有些"死老虎")的管教也似乎放松了一些,晚间如有文娱活动,也允许可以参加了。一次,各连队（出版社都依军事编制编为连队）举行乒乓球比赛。我去观赛，看见徐铸成兴致勃勃地观看着每个选手的表演，遇到精彩处，脸上就绽出了欢欣的笑容，一点不像一个人们心目中郁郁寡欢、垂头丧气的"大右派"。我知道他是喜爱体育的，他进《大公报》起始便是任体育记者；但是处于如此的逆境中，尚能保持早年的爱好，发自内心，形之于色，不能不说是一点赤子之心的流露。在那腥风黑雨的日子里，这不能不说是难能可贵的。"文革"后，我曾同他谈起我的这次印象。他说这一方面是他的爱好，另一方面也是他对"批倒批臭"的一点反弹，只有自我感觉"不倒不臭"，才能活下去，把这场戏看完。但是，他又说，他原是很爱京戏的，但是对"样板戏"却无论如何听不下去，再强迫也不行，这也是所谓"阶级感情"吧，当然这种感情那时是不敢流露出来的。徐的爱好京戏，我也是知道的。桂林撤退，他到重庆，住在《大公报》的李子坝宿舍，我那时与他初识，是一个后辈，就听他唱过京戏，好像是青衣，唱什么就不记得了。

一九七〇年，我去工厂"战高温"（一"战"就是八年！），离开了"五七干校"。后来"干校"人员陆续上调，徐铸成调到辞书出版社修订《辞海》。同时一起的有陈虞孙、曾彦修、冯英子、束纫秋等人，都是一批原来的"牛鬼蛇神"。一直到"四人帮"覆灭，还延长了相当一段时期，他们仍被作为"专政对象"对待。要到党的十一届三中全会以后，这批人（包括徐铸成），方重获新生。

现在，徐铸成已是历史人物了。将来写中国新闻史，他的名字是会载入史册的。我相信历史会给他公正的评价。就我个人对他的认识来说，我觉得他是一个以笔为武器、以说真话为天职的新闻工作者。就在他去世前不久，他在一篇关于杂文的文章中，还引用针灸治病"刺人的针，一定要刺到痒处痛处"而恢复健康为譬，反对时下盛行的虚假文风：

可见，即使是针对"人民内部"的杂文，也该抓着痛处痒处，痛下针砭，这才能起治病救人的作用。如果老是唱歌功颂德的调子，或者不问"病情"只看"行情"以决定下针的深浅程度,那只能是对杂文本身的讽刺。

这是为林帆的杂文集《老马咏叹调》写的序,未署写作年月。此书版权页的出版日期是一九九一年十一月,估计从交稿到出书约需半年,则徐的序言当写于此年的五六月间,距他去世不足半年,虽不一定是"绝笔",至少也是最后的遗言之一了。一位老报人临终前直言谠论,是他的生命的最后呼声,是很值得人们深长思之的。

一九九三年

# 怀故友杨廷福

故友廷福未届花甲之年，遽尔逝去，忽忽已二十年。古人说，"结欢三十载，生死一交情"，正副我与廷福交游之情。古人又有悼友诗曰："脆促良可哀，夭枉特兼常。一随往化灭，安用空名扬。举声泣已洒，长叹不成章。"这也符合我对廷福的怀念。古来沧海桑田，变化无常，但友情则是不变的。

初识廷福，在一九五五至一九五六年间，那时学术空气尚浓，知识分子经过"思想改造"，都有一股迎接新时代新社会的朝气，常有一些学术活动。我就是在一次由陈望道主持的会议上，与廷福相识的。他的清癯的脸庞，架一副深度眼镜，发言时侃侃而谈，条理清晰，思路敏捷，给我留下很深的印象。会后我们互通姓名，于此订交。而私下的交谈，当然更能畅所欲言，发现许多看法不谋而合，志趣相投，彼此都视对方为同调。记得在那次会上，我还同时认识了历史研究所的叶笑雪，他是历史研究所所长李亚农的学术秘书。学术界人知道，他与李合作关系密切，李出观点，叶找资料。但笑雪述而不作，无著作传世，后在朋辈中以邃于佛学闻名。这次会上我有幸认识两位有学问的朋友。

一九五七年的"反右"风暴，增加了我对廷福的敬佩，因为他竟在一次"引蛇出洞"的座谈会上公然提出了当政者应有听取不同意见的"雅量"问题。第二天上海各大报都在头版头条用大字标题，报道了他关于"雅量"的发言。当时我只想到，廷福如此直言敢谏，我以有这样正直无畏的朋友为荣。若干年后看了《毛选》第五卷，方知梁漱溟于一九五三年也提出过"雅量"的问题，毛泽东当场批驳："那样的'雅量'，我们大概不会有。"当年毛尚无意"反右"，故未给梁氏戴"右派分子"帽子。但一九五七年形势不同，就在这同一本书上，有一篇题为《组织力量反击右派分子的猖狂进攻》的文章，是一九五七年六月的"党内指示"，指出"高等学校组织教授座谈，向党提意见，尽量使右派吐出一切毒素来，登在报上"。廷福如同许多好心人一样，蒙然无知，自然也落入了这个"右派"的陷阱，无从躲逃。听说他的单位原拟培养廷福为积极分子，让他参加"反右"领导小组，为此大为失望。我一直想写一本《反右史》，只是"小史"，而廷福这次关于"雅量"的发言，一定要写上去，以为后世风；还要查一查当年的报纸，核实一下发言的年月日和具体的背景。

我们成为"丁酉同年"以后数年内，除了从认识的朋友间略知彼此一二消息外，为了免去麻烦，已无往来。"丁酉同年"这个称号，也是与廷福劫后重逢时听他说的，好像就是他创造的，我诧为杰作，以此来称呼一九五七年（夏历丁酉）的右派难友，真是太确切了。在我们做了"同年"的六十年代某一个星期日，我曾悄悄一人去他虹口一条石库门里弄的住宅找他，想互倾劫后之情。这其实是很冒险的举动，若为他人知晓，揭发出来，批斗是免不了的。我也不清楚，当时是什么想法，驱使我有一种冲动，冒冒失失非见一下这位难友不可。大概是一种"同病相慕"（不是"相怜"）的心理吧。但这次"白日访杨"，也像晋人的"雪夜访戴"那样，没有见到主人，客人便掉头回了。我寻到门牌号头，是由后门进出的，门口一位模样为主妇的用一只大木盆在洗衣服，一大摞衣服，足见一家大小人口多，家务重。我说了廷福的名字，她说："出去了。"我看出来，她即是廷福夫人。主妇的辛勤家务劳动，反映"右派"家庭普遍的清贫生活。我因初次见面，有点不好意思，没有自报家门，也未说明何事来访，便回身走了。数年后与廷福谈及此事，我说到那一次又想见面，又怕见面，他不在家倒是释去了我的思想负担。彼此为之失笑，对生存在那样气氛中小人物的心态表现感到好笑，但也不无余悸。

"文革"结束，万象更新，廷福以高才硕学，受聘中华书局，参加整理注释《大唐西域记》工作。此非娴于古代史地及佛学者不办。他为此单身旅住京华数年。在此期间，我为工作与参加一些会议，多次去京，每次必与他相会，常常欢聚竟日，上下古今，无所不谈。当时经常相聚的，尚有冯其庸、江辛楣、王春瑜诸友，找一个小酒馆，以酒助兴，海阔天空,高谈放论,如古人所云,晤言一室之内,俯仰天地之间。至今回想,尚留无穷之乐。

廷福的道德文章,我想移用韩愈为他的同年好友欧阳詹写的哀辞,最为贴切:"事父母,尽孝道;仁于妻子;于朋友义以诚;气醇以方,容貌巍巍然;其燕私善谑以和;其文章切深喜往复,善自道。读其书,知其于慈孝最隆也。"呜呼,廷福寿命不齐,此人道之常(二句亦用韩愈语),其声名足以不朽矣!

二〇〇三年四月四日于观景楼

原载《开卷》杂志

# 李平心之死

李平心是"文革"最早的受难者之一。三十年代，他在上海主编一本杂志《自修大学》，以知识青年为对象，宣传马克思主义和鼓吹抗日救国，在青年中影响很大。他用"李鼎声"这个名字写的一本《中国近代史》，以历史唯物主义观点，阐述帝国主义侵略中国的历史。抗日战争期间，平心留在当时称为"孤岛"的上海，靠着租界庇荫，仍从事理论写作工作。一九三九年，苏联背着盟国突然宣布与纳粹德国缔结《苏德互不侵犯条约》，引起舆论大哗。在一次左派文人为苏联立场辩护而召开的座谈会上，平心独持不同论调，对苏联的做法提出质疑，引起了"言必听苏联"的左派文人们的不满，视平心为"异己分子"。但平心有自己的独立见解，不愿像牵线傀儡那样听人摆布。

五十年代初，平心在华东师范大学执教，还是不断写文章。在当时的"思想改造"运动中，他是上海知识界的两个重点"帮助"对象之一，另一个是复旦大学的刘大杰教授。两人都不识抬举，拒绝"帮助"。刘大杰跳了苏州河，平心则以木棍猛击头部，但两人都获救，虽然后来两人的遭遇判若霄渊。令人惊异的是，平心竟安然逃过了一九五七年的"反右"斗争，可说幸运。当然，他逃不过"文革"这一关。"思想改造"运动仅是以后若干次针对知识分子的"牛刀小试"，算是最为温和的，对知识分子的触动面不算很大。平心"脑震荡"了一下，很快就过去了。还是爱写文章，发表一些不合"左派"理论家口味的言论，因而常常受到"左派"的围攻。

平心是我敬仰的朋友。我敬仰他的勇于坚持自己信念的"书生气"。六十年代，我从事学术刊物《中华文史论丛》的编辑工作，常向他约稿，往来一多，便成了知交，几乎无话不谈。他是二级教授，离婚独处，住一套高级公寓，用了个保姆烧饭洗衣，再用一个女秘书为他整理抄写文稿，生活比一般人优裕。我去看他，他必留饭，去附近一川菜馆点两个菜来家，温半斤黄酒，边饮边谈，彼此兴致很高。那时他已转向中国早期社会研究，对甲骨、金文都有新颖独到的见解，《中华文史论丛》很欢迎他的文章。他博闻强记，无书不读，随时随地一册在手。他曾同我研究，如何在洗澡时躺在浴盆也能看书。他设计了架在浴盆上的木板，征求我的意见。我说关键是要使书本能竖立起来，平放是无法阅读的。他果然找木工试做，效果不错，颇为自负。这使我想起牛顿为大猫小猫分大洞小洞的故事。

姚文元炮制的一篇《评新编历史剧〈海瑞罢官〉》，被称为吹响"文化大革命"的号角，开始了所谓"清官问题讨论"，事实上就是"文化大革命"的前奏。这几乎就是一场大骗局，称之为"钓鱼"也好，"引蛇出洞"也好，总之是每个运动开展前采取的诱发手段。当时一些书呆子不明就里，纷纷响应所谓的号召，参加座谈会，争着发表己见，就像飞蛾扑火一样，个个自投罗网。平心也接到通知，因故未曾出席，原可侥幸漏网，但却在报上发表了文章，于是也被诱入这场骗局。我目睹了这个过程：一天夜间，我正在他家闲谈，忽有某大报记者来访，因他未出席"清官问题"座谈会，特请他专门写篇文章。我在隔壁听到他们谈话。他先是推辞，后来却不过情面，只得应允。记者一走，我就提醒他，"清官问题讨论"的背后恐有花样，还是慎重为好。我倒不是什么先知，也未得到任何内部信息，不过预感到姚文元此人是条恶狗，逢人便咬，他的每一吠声都是有点来头的。平心听了只是笑笑，似乎不以为意。几天后，《文汇报》就登出了他关于"清官问题"的长篇论文，引经据典，涉及中外，充满了学究气，光是附注就引用了好几国文字。其中有一条注文叫"新黑帮分子"，引的是俄文，可见征引之博。就是这个名词，后来被姚文元反过来栽在平心头上。不久，形势大变，所谓讨论就变成了讨伐，发表过文章的知名人士更是成了讨伐目标。平心首当其冲。姚文元用"劲松"化名写的批判文章，充满杀机，称平心是"自己跳出来的反革命小丑"。

其时形势日紧，我已在本单位受到监视审查，但在看到姚文的当天中午，乘中午吃饭不受注意之时，还是偷跑出来看望平心，告知他姚文透露了某些不祥之兆，要他小心，不要再写文章辩论。平心却很泰然，认为不会有什么，反而劝我不要多虑。我不敢多留，匆匆告别，他殷殷送我到电梯旁，目送电梯下降。平心那矮胖的体型，显示智力发达的特大头颅，架一副近视眼镜的和善如弥勒的面容，至今犹在目前。想不到与他匆匆一晤，过不了几天，就传来他自杀的消息。导火线果然就是姚文元化名出笼的那篇文章，引发了对平心的批斗。在大学批斗大会前，平心义不受辱（这与傅雷的自杀是一致的），用煤气结束了自己的生命。哀哉斯人！

平心虽死，事情却并未了结，有道是"宜将剩勇追穷寇"，死人也不能轻易放过。当时上海市委副书记兼市长曹荻秋在文化广场召开万人大会，正式宣布上海的"文化大革命"开始。曹荻秋在动员报告中点了八个"反动学术权威"的名字，作为大批判的对象。这八个人是：周谷城、周予同、周信芳、李平心、李俊民、贺绿汀、瞿白音和王西彦。八人中只有平心已死，但也不能幸免，还要"批倒批臭"。另外七个"反动学术权威"中：周谷城系复旦大学教授，因发表"无差别境界"理论，违反了矛盾论；周予同也系复旦大学教授，因有"批逆鳞"的言论，大有向无产阶级进攻之势；周信芳即麒麟童，上海京剧院院长，因主演《海瑞上疏》，抬着棺材上舞台，乃是"向无产阶级示威"，而提倡海瑞精神，即是为彭德怀翻案；李俊民系上海新文艺出版社社长兼总编辑，因为写了一篇历史故事《杜甫还家》，杜甫"怀念出奔的唐明皇"，就是盼望国民党反攻大陆；贺绿汀系上海音乐学院院长，因替资产阶级音乐家德彪西辩护，就是与姚文元对抗；瞿白音系上海电影局副局长，因写了《创新的独白》被扣上"主张电影不要党的领导"；王西彦系作家，因写小说而"反党"。七人中有一半现尚健在，他们是周谷城、李俊民、贺绿汀、王西彦，都是八九十岁的老翁了。

经曹荻秋（他自己后来也成了"叛徒"，瘐死狱中）公开点名，他们便受到了轮番的纯然是侮辱性的批斗。李俊民每次被揪上台，由一个身穿绿军装的造反派站在身后，将他双臂反剪，美其名曰"喷气式"，再双膝下跪；有一次，李俊民稍有反抗，一个造反派死命扭他耳朵，直至出血。贺绿汀犟头倔脑，不肯低头认罪，因此大吃苦头；每逢文化艺术界的批斗大会，即使贺绿汀不是主角，也要押来陪斗，他的女儿就是因为不堪受辱，愤而自杀的。周信芳是麒派老生的祖师爷，唱唱戏罢了，却也成了"反党反社会主义"、反"三面红旗"的"三反分子"，他被反背双手，跪在一辆大卡车上，儿子周少麟也跪在旁边，两个造反派分别揪住父子的头发，使脸部朝上示众，周游全市，这叫作"游斗"。周氏父子脸色煞白，几无人形，路人不忍卒睹。这三人的批斗情景，都是我目睹的。

平心以自杀躲开了对他的人身侮辱，他也许有先见之明。多行不义必自毙，"四人帮"作恶多端，最后以覆灭告终，平心泉下有知，当可告慰。

一九九三年

117

# 记潘伯鹰

## ——兼论潘著文言小说《蹇安五记》

## 一、从文言小说《蹇安五记》说起

《蹇安五记》，仿唐人传奇体文言小说，潘伯鹰托名蹇安著，三十六开线装宣纸单面对折正楷排印，一九三四年（民国二十三年）上海汉文正楷印书局发行。书前有黑框牌记：

> 蹇安五记凡一册怀宁潘氏蛰止斋
> 据手稿校录由上海汉文正楷印书
> 局代印行世售价足银陆角整此为
> 海内珍秘之文翻印盗刻虽远必究

牌记上方，钤有"潘"字方形阳文图章，这是当时著作人为保护版权权利采取的做法。二十世纪二三十年代，鲁迅著作单行本的版权页上，在"版权所有，翻印必究"八字的方框内，大都另贴一方"鲁迅"二字的鲜红图章印纸，也是为的保护著作人的权益，表示有此图记，方是作者授权正本。

《寋安五记》全书仅约二万字，薄薄一本小册子，牌记说是"书局代印行世"，估计是作者自费印制，委托书局代办发行。书内包含五个短篇，每篇三千至四千字左右，篇目如下：

玄玄记

拾书记

拾书后记

归燕记

锁骨记

卷首有署名"凫公"写的《叙》。凫公为潘伯鹰别号。《叙》对此《五记》文稿的获得与所谓作者寋安其人的生平，故作诡异之说。《叙》云《五记》系凫公自北而南，十年搜讨，获于一旦。寋安又系凫公江行识同舟者岳仁卿之友，据岳所称，寋名叔，字安，"谯国人，俶傥奇伟，慨然有雄霸之度，复多幻丽之思；其论文存神而遗貌，破弃拘墟之习，能工古今诸体"。

"其为诸记，殆感于唐人传奇，而意度乃亦略近。""求其旨之所寄，则又抑塞磊落，发以为激昂勃烈之音。"这些话似真似假，但明眼的读者一看就知道，这是文人狡狯，故布疑阵，蹇安即凫公，凫公即此《五记》的作者。《叙》中对蹇安其人其文的评述，也即是作者凫公即潘伯鹰的自况：心怀大志，具经国之才，无所用于世，以小说之瑰丽奇幻，寄托一己慷慨郁落情怀。这就是他写小说的意图旨趣。

按用文言写小说，至此《五记》出版之时，事实上已是此路不通。经过"五四"新文学运动的洗礼，文坛上的文言小说踪影虽未绝迹，但已如幽灵般游荡，溃不成军，文学家中也再没有以文言小说闻名的作家。鲁迅的第一篇小说《怀旧》，是用文言写的，作于一九一一年。但一九一八年起，他就只用白话写小说了。他用文言写的杂感，尚收入杂感集；用文言写的小说，就不收入小说集了，这点或可说明鲁迅"五四"后不赞成仍用旧文体做新小说。苏曼殊短暂的一生共写了六篇文言小说，最早一篇也是最有名的《断鸿零雁记》发表于一九一二年，最后一篇《非梦记》发表于一九一七年。苏曼殊的小说，重现了文言小说的辉煌，自此以后文言小说便迅速衰落了。一九八九年我写过一篇《文言短篇小说的演变》一文（载《泛舟集》），论及文言小说的一蹶不振之势，是这样说的："直到近代苏曼殊所写的《断鸿零雁记》出来，以清丽哀婉的文笔，写男女的真挚之情，衬以异国情调，读者耳目为之一新，文言小说方得重放异彩，但也无以为继。"这后一句，意在指出文言小说经过一段回光返照后的窘境。

潘伯鹰在这种情况下，仍坚持文言小说的写作，并自费印行出版，据我所见，这一现象可为文学史家提示三个问题：一、文言小说这时已处于曲高和寡状态，甚至失去了发表园地，坚持以文言挣扎如章士钊主编的《甲寅》杂志、吴宓主编的《大公报》的《文艺》副刊，在大形势的压力下，已先后停刊或改版；文言小说作者只能采取自费出版办法，方有机会把作品推向社会。二、这样做的作者，不顾社会的漠视、文坛的冷落，具有孤军作战的勇气，应该受到尊重。三、《蹇安五记》是最后的文言小说，近现代的文言小说传统，应延续至此。

## 二、《蹇安五记》述略

潘伯鹰《玄隐庐诗》共十二卷，收一九一九年至一九六六年诗共一千零九十九首。翻阅全书，却未见有关他写作小说踪迹的诗。《蹇安五记》凫公《叙》末署"民国二十三年（一九三四）十一月真如村舍记"。按《玄隐庐诗》卷三，卷首编年云"壬申（一九三二）夏至丁丑（一九三七）夏，移家上海，授书真如镇"，可知小说《五记》系作于是时是地。此卷有《残冬》一诗：

> 谁挽羲和碎玉衡，残冬风吼逼心惊。著书将以通忧患，报国虚劳誓死生。拔地倚天情所积，吞毡餐雪气终横。平生不滴谋身泪，自断刚肠寸寸鸣。

此诗似与小说《五记》无关，但"著书将以通忧患"，实明指有所著作，而他这时的著作，只能是这五篇托名蹇安作的小说。由此推想作者写这五篇小说，贯彻着忧患之感，即对现实社会的某些不满与批评。凫公《叙》末，自评这五篇小说，"沉郁之情缘以芬丽，慨愤之意乱以燕私，此非有托而逃者乎"！明说"有托而逃"，也就是"通忧患"的意思了。兹依次述其概略，为未读或将读此书者作一导引。

《玄玄记》写大梁吴生，钟情一少女，却无缘亲近，只能于梦中相聚。又迭逢世乱，数梦入魔幻地狱之境，遂勘破红尘，皈依佛门。这篇小说背景放在唐朝，但所写乱哄哄的时局，显然影射民初的北洋军阀时期。小说中写二人交谈，"生与女纵为玄远之言，述周比特，阿博罗，委娜斯，诸天神之奇事，杂以干宝书中异闻"。这种古今中外杂糅的描写，颇像鲁迅《故事新编》洪水时代文化山上的学者，于争论中口出洋文的样子。不过鲁迅带揶揄意味，此则如篇名"玄玄"所示，故弄一点玄虚。

《拾书记》、《拾书后记》，名为二篇，实系同叙一事，分为前、后篇。前篇记作者于街车中拾得一通书信，系致友人自叙作书人与一丽人（身份为暗娼雏妓）相识缱绻，欲拯之于水火，却又自顾无力，断然绝去，而内心不安，故作书友人，尽诉衷曲。后篇则作书人现身，自名周嘉，与拾书之作者详叙与此佳姝爱恋及决绝经过，中有一段描写：

> 后二日，刘生（周嘉之友，为女与周之撮合人）及仆（周嘉自称）饮女及其母春明街。酒次，仆又屡为其母言之，此豸娟娟，毋令失足，当为善嫁，则翁媪必不忧一饱。其母殊饕餮，恣意饮啖，时以睒睒之目顾仆露齿而笑，言以女托仆者数四。仆观其态无一分诚意，心极鄙之。然女闻其母屡言而仆屡谢，以目瞬仆，顾其母微笑阻曰："娘休矣！人自不录，何强求容为！"仆闻之，举手障面，伪为饮酒者，不忍复睹此景也。

这里写假母之贪伪，周生之迂直，女之娇嗔，是有唐传奇《李娃传》风致的。这篇小说可能是作者为保留早年缠绵悔恨的一段初恋情事而写。

《归燕记》又是一篇古今不分、真幻并呈之作。背景是唐代长安的乐游原，仕女装束则亦中亦西。官制有"议郎"，似指监察御史，但细察实指北洋政

124

府时的国会议员，一群女权运动者"奔走弥烈，多近议郎"。中领袖一女名琅琊娇女，为男主人公所仰慕，无由相近，朝思暮想，"安得化身燕子，一探伊人帘栋乎"。这有点像《聊斋志异》一篇《阿宝》的写法，爱慕阿宝的书生，"自念倘得身为鹦鹉，振翼可达女室"。这个书生果真变成鹦鹉，飞到阿宝身边。《归燕记》中的男士，却未变成燕子，在梦中由两只巨燕，"以尾入客两腋，振翼而飞"，另一燕以背承客足，三燕齐飞，但不是飞到琅琊娇女的闺阁，而是飞到了玉帝的环虚宫，由玉帝带他参观了制造人类的氤氲殿，有巨铛、烈火、恶鬼，这在一些旧小说中是作为十八层地狱描写的，这里搬到了天上。作者这篇小说的寓意所在，大概一是借玉帝之口说出，不愿接受"玉帝"及"陛下"此等尊号："吾实恨此俗名，别无代者，聊尸之耳。后此千余年，人间当略异其制，乃曰共和，为之首长者，名曰总统，曰执政，曰元帅，曰主席，名虽屡更，而贪窃威福，以示别于平人一也。"这是对现实政治的一点抨击了。另一是玉帝谋士孟生的话，发挥一通优生学观点，献计道：

"自今以后，阴阳相接，灭其若汨若激若痒若融之性，而代之以痛楚。热其精，涩其流，则相会之际，其肤如灼如割，虽欲罢而不能，彼将自反而缩，非见迫则不为。世间求人种之续，则必选健者专以役之。"孟生发此谬论时，希特勒刚上台做元首，他倡行的极端优秀人种论已在推行，作者此处或是借此有所讽刺。

《锁骨记》是《五记》最后一篇，引人瞩目之处，不在于这篇小说写了一个与唐代大作家韩愈、柳宗元等为友并参透佛法的吴居士，而在于通过吴居士描述了一个善于"自献于衽席者"的艳妓青青：

> 青青之所以能惑贵游负重誉者，非徒外仪美也，亦内德茂焉。方其弛衣荐枕，不遽就于衾裯之间，爱以屏山自掩，背立烛次。玉之微赤者曰琼，观其玄发覆肩，细腰修股，皎然映烛光之下，莹泽芳鲜，红蕤可撷，真琼姬也，即之而酥酪不足以为温。翩然若避，如兔暂脱。所以观其姿，宛转反侧，乃尽妍妙。盖其肩圆而不削，其背腴而有光，其臂滑宛以渐通乎十指。

其胸若浮玉之山，相并而微见小大。其腰如灵蛇之身细而能腴。其股修圆，自股至跗视腰以上微及三之二焉。及乎极仪态之变化，乃始有事于绸缪。诗曰：惧兮促，慎兮触，姑射之山兮兹焉窟，爰得其途，乐只君子受厥福。

子独未游于巴峡之间乎？巴峡，天下佳山水也，然游者必犯险艰而始至。媾于青青亦犹是也。自脐以下股之间，其蔚然而秀隆然而起有若滟滪者焉。其扼中而绾要有若夔门者焉。夫高山深林下临不测之渊若此，将安进乎？是以方其始合，触之甚柔，偪之甚厚，由是而之焉，若已达者，察之犹然外也。延缘得隙，侧以迫之，左焉忽右惟分之进，右焉忽左惟分之进，则氤氲之气将导其源。当此之时艰哉危哉，若行褒斜，不重以持之，一失其御则放佚莫收，虽流涕而适以速覆。故意之不坚者，力虽足而亡，其艰也若是。……

此下尚有数百字进一层描写，不具引。按关于性爱的描写，原是中国小说不容抹煞的一个传统，只是由于道学观念在思想领域的统治，大家故意视而不见，羞提或不敢提。文学研究者可以大谈思想性艺术性，对性爱问题则避而不谈。其实，如果说爱情是文学的永恒主题，性爱则是文学的准永恒主题。孔老夫子也说"吾未见好德如好色者也"，孟子引告子的话"食色性也"，朱熹注"言人之甘食悦色者即其性"。我以为不如照字面解释：饮食男女，人之本性。性爱既是人生一大事，在文学中便是绕不开的一个"结"。白话小说不用说了，当今女作家对性爱的关注，其大胆解放程度甚至超过了男士同行。文言小说的这一传统更早于白话小说。从唐人小说《游仙窟》起；元人杂剧《西厢记》的《酬简》一折，并非作舞台之用，事实是一篇韵文文言小说（明汤显祖的《牡丹亭》中亦有相似文字）；明代杨慎托名的《汉杂事秘辛》，写闺阁媟亵之状，正统的《四库总目提要》评为"淫艳"；《醒世恒言》中有《金海陵纵欲亡身》，是一篇半文言小说；到清代的《聊斋志异》，其中爱情名篇几无一无性爱描写；以至近代叶德辉托名黄帝的《素女经》（实道家御女术），还假造一篇被书贾刊落的《金海陵纵欲亡身》，一并收在《双梅景闇丛书》中。于此可知，虽第一流的文士学者，自杨慎至蒲松龄、叶德辉等人，亦不蔑视、不排斥文学的性爱描写。如此等等，足证此一传统之源远流长。现《锁骨记》中这一大段性爱描写，艺术上看，文字优美，绝不鄙俗（曾朴以笔名东亚病夫著《鲁男子》，有大段性爱描写与此相似，然系白话小说），正是性爱文学在文言小说传统的继续。但文言小说如可确认到此《蹇安五记》为止，这个传统自然也到此结束了。潘伯鹰自此不再作小说，亦从不以小说家自居，《蹇安五记》为他创作文言小说的封笔之作。

## 三、鲁迅、吴宓与潘伯鹰

新加坡印制非卖本《玄隐庐诗》书前有潘受序，论及潘伯鹰小说，云"三十后不复作，吴宓称其《人海微澜》为当时第一。其《隐刑》、《稚莹》、《强魂》、《残羽》、《蹇安》五记，曹聚仁以示鲁迅，鲁迅叹赏"。按"《蹇安》五记"为独立一书，应标作"《骞安五记》",《残羽》之前为另四种。又有许伯建撰小传，关于潘氏著作云："生平著述夥颐，自《人海微澜》曩已一再版外，若《隐刑》、《稚莹》、《生还》、《残羽》、《蹇安五记》诸说部，《南京感忆录》、《冥行者独语》、手书《饮河集诗蘘》，又报章语文数十万言及《南北朝文选》、《黄庭坚诗选》等，并已刊。"这中间，我想人们感兴趣的是潘伯鹰与鲁迅、吴宓的关系或交往。

《鲁迅全集》第十三卷书信，收有一九三五年一月十七日致曹聚仁函，关于曹赠《蹇安五记》事，鲁迅答复说：

> 《蹇安五记》见赠，谢谢。但纸用仿中国纸，为精印本之一小缺点。我亦非中庸者，时而为极端国粹派，以为印古色古香书，必须用古式纸，以机器制造者斥之，犹之泡中国绿茶之不可用咖啡杯也。

从这封信，可知鲁迅未对《蹇安五记》内容有所评论，看来他并没有阅读此书，只是对书的用纸提出了批评意见，即古色古香的书却用了不相称的仿造中国纸（机制宣纸）。这符合鲁迅一向持有的对书籍装帧的审美观念。大概曹聚仁赠鲁迅书的信中对《五记》也未提什么评论，否则鲁迅的复信会有所回应。潘伯鹰不可能知道曹鲁间曾有关于他的小说的通信。《鲁迅全集》于《寒安五记》书名下加有一条注释，云"骈文小说"，"一九三五年"出版，凫公作序，并注明"潘氏聱止斋和凫公实为潘伯鹰一人"。按此注有失准确。第一，《五记》乃散文体文言小说，不能称"骈文小说"；第二，出版时间应为一九三四年，观凫公序末所署时间即知；第三，聱止斋系潘氏斋名，凫公系别号，应分别注明，又"潘伯鹰"何人，亦应稍加说明。

吴宓与潘伯鹰的关系则十分密切，他们之间存有长期的友谊。吴潘的结识，最初就是由潘著小说《人海微澜》而开始。《吴宓日记》一九二八年十一月九日云："晚，燃烛读陈铨著小说《天问》，甚佳。《人海微澜》亦甚可取。"按吴宓这时兼任天津《大公报》的《文艺副刊》主编，《人海微澜》当即载于此报，但二人识面尚在下月。《日记》同年十二月十五日云:"四时,《人海微澜》作者凫公来。其真名为潘式,字伯鹰,安徽怀宁人。现为交通大学学生,住西单崇善里十一号。谈著作小说之事,甚洽。留在寓宅便餐,晚十时别去。"《日记》编者在潘式名下注云"三十年代开始发表小说,著有旧体小说《人海微澜》及笔记《隐刑》等",据《日记》此三十年代应作二十年代。这是吴潘订交之始。此后二人交往日有增加,如《日记》一九二九年一月二十四日云:"至崇善里十一号访潘式君凫公,并晤其内弟何世伦君理之,同寓。谈甚畅。旋潘君招宴于西长安街庆林春酒馆,址为何君旧居。"

抗日战争起,吴潘各奔东西,途中曾在衡山一会。《玄隐庐诗》卷四编年"丁丑(一九三七)秋至庚辰(一九四〇)寇陷南京,播越衡岳,复迁汉口,再到重庆作"。有《衡岳喜遇吴雨僧教授,兼闻香港熊君死耗,悲慨昔游,赋诗奉赠》七律二首,正是一九三七年之作:

乱离何意各生还,执手方惊会合艰。
宗国川原漂碧血,残冬雾雨蚀朱颜。

荷声藤影长邀我，棐几胡床正对山。

进泪昔游为隔世，怜君双鬓亦成斑。

君清华园所居曰藤影荷声之馆。

从看白发三千丈，未抵回肠一万周。

心铁销磨余几许，云罗乖隔复何求。

可堪生死摇魂梦，只与咨嗟历夏秋。

举世谁怜痴绝意，悲歌对子那能休。

诗题中的熊君，指熊希龄，曾任袁世凯政府国务总理，与毛彦文结婚。但《吴宓日记》未载吴潘二人衡山之会。《日记》一九三八年三月八日方有记云："到昆明后，接凫公汉口函，尚问彦事如何。"按：彦指毛彦文，为吴宓终生爱恋及追求之女友，嫁熊希龄为续弦。熊于上年亡故，毛成遗孀。潘伯鹰关心并函询吴毛情事，足证潘与吴此时知己之情，已非泛泛之交。《日记》一九三八年八月三日云："接凫公七月二十九日书。宓直至七月中下旬，始复三月在昆明所获凫公函。知随许世英公，在振委会任科长，今亦迁徙（按：潘此时已随振委会迁重庆）。节录凫公书如下：'在得大函前，毛女士（按：指毛彦文)曾为香山慈幼院会事来汉。到振委会，请许先生助拨费，并曾到会中两次。但皆值伯鹰外出，未得晤面。今以大函所述，推其胸中感想，或亦悲慨万端。短短人生，乃有如许怫忤。又值此国土纷崩强寇深入之时，静言思之，惟恨人生有情耳！'凫公此书，必至九月中始克作复。"《日记》同年十月二十三日云："夕复凫公函，以汤（用彤）著《佛教史》二册寄阅。"《玄隐庐诗》卷五编年"辛巳（一九四一）至壬午（一九四二）居重庆作"，有诗怀清华园诸友，诗题《佩弦以长诗述清华园旧事，仆曩亦常游园中，军兴仅于衡山一遇诸友，已感云散，次韵以复于佩弦》，佩弦为朱自清，诗中分咏诸友，于吴宓云：

　　　吴刚斫桂耗心力，流波暗逝称余生。荷声藤影绕孤馆，参差吹彻餐落英。

"斫桂"云云，或是为老友对毛彦文的专情、痴情与失望而惋惜。转瞬十数年而过，换了人间，吴宓专情未改。《玄隐庐诗》卷九编年"壬辰（一九五二）至丙申（一九五六）居上海小游北京复归作"，有诗题《吴雨老书来，言将明春属草所构思之说部名曰〈新

旧因缘〉者亦怀之数十年矣,欣然为诗以速之》,
诗曰:

> 耗减春韶买白头,相望何以罄离忧。十年
> 灯火元昌里,万叠江涛古蜀州。尘影例随花共
> 谢,心光独赖墨能留。冰天月窟挥霜斧,喜听
> 吴刚造凤楼。

此卷诗止于丙申(一九五六),此诗编列于卷
末,当系此年之作。明年为丁酉(一九五七),"反右
斗争"突起,吴宓亦在难中,悔过认罪之不暇,当然
不可能撰写他构思的《新旧因缘》小说了。《玄隐庐
诗》此后即无咏怀吴宓的诗,现在三联书店出版的
《吴宓日记》十册止于一九四八年,五十至六十年代
间潘吴交往情况,尚有待于将来此一时期新的《吴
宓日记》的公布与出版。


# 四、我认识的潘伯鹰

潘伯鹰先生是我敬重的师友之交。我们认识
十多年间,不知有无"悔其少作",他绝口不谈小说

之事，更不提曾有小说传世；他较多谈及的是书法与诗，也是我们同感兴趣的故老流风遗韵往事。那时，他已是著名书法家。谢稚柳《潘伯鹰楷书豫园记·序》评其书法："总的来说，他的书法得力于陈代的智永禅师，唐代的褚遂良，他的高明之处，在于结合自己的情性与善鉴擅化、一统为己有，他师法智永，取其朴茂而避其平实，师法河南，取其绰约而舍其妩媚，师法松雪，取其姿质而弃其纤滑，又旁及的很多，如《瘗鹤铭》，米芾等等晋唐碑帖与宋元墨迹，广征博采，不拘一格，如蜂入香圃，不在于花而在于蜜，吸取消化融会贯通，俊迈凝重的笔势，严整宽绰的体格，独立了自己的门户，这一风范的形成是难能的。"同为世人所重的，潘伯鹰是具有真性情的真诗人。他在古代诗人中最服膺黄山谷，山谷有两句诗："物外常独往，人间无所求。"我觉得可以移赠伯鹰，作他生平写照。时人用以尊崇学者"自由之思想，独立之人格"二语，山谷这两句诗实已包含。一九九六年我即用《物外人间一诗人》为题，写了一篇怀念伯鹰的文章，登在《书城》杂志，后收入我的文史杂著《泛舟集》。那篇文章谈及一九六六年"文革"前夕我与他的最后一面："记得最后一次见到伯鹰，是在听说他患病卧床，我同妻子去他胶州路住宅看望。……那天，他精神很好，见到我们夫妇，十分高兴。我们看他双眼仍是那样炯炯有神，透过近视镜片发出闪光；讲话的声音也仍如平昔那样宏亮。那天他谈了许多话，现在回想，大部分也忘了。只记得他虽在病中，还在关心朋友们的生活处境，其中特别提到因遭'扩大化'而被遣送回籍的Y君，想要助他一臂之力。"

按：这位伯鹰所关心的Y君即叶笑雪君，他原是上海历史研究所所长李亚农的学术秘书，精研魏晋南北朝佛学，然不谙世事，拙于应对，一九五七年的"扩大化"以"极右分子"遣送回籍，妻离子散，孤苦无助。伯鹰深惜其才，总想设法为他复职，但终伯鹰在世日，无力回天。后加"文革"之灾，笑雪处境更为艰苦。直至八十年代，改革开放，拨乱反正，笑雪方得恢复原职，重返上海与老朋友们会面，然皆垂垂老矣。其时伯鹰逝去也已过十余年了。《玄隐庐诗》就是笑雪遵潘夫人命带给我的，并附一便笺：

伯城兄：

《玄隐庐诗》一册，为潘伯鹰夫人张荷君女士嘱我带奉。十一卷十九面有《钱君伯城见示所述唐宋古文之作题以奉赠》一首，今日读之，真"火蚀无伤璞玉坚"也。

叶笑雪

十二月十九日

笺末未著年份，回想或是一九八八年或一九八九年。这张便条贴在我的藏书《玄隐庐诗》书后底页。笑雪归后，益致力于学佛，如今也驾鹤西行数年了。友朋日见凋零，此陆士衡《伤逝赋》所以长叹。笑雪平素述而不作，声名不彰于世，但学术界朋友对他的学问是钦佩的。他同伯鹰一样，生平以气节自许，尤重友谊，这就足以留世人思念。我以与伯鹰、笑雪这样的真君子曾有师友之谊，而深感为荣。

伯鹰的诗，号称"非唐非宋，亦唐亦宋"（潘受评语）；但我以为自其感情深厚、体制古雅而言，七言出入唐宋，五言实已直逼汉魏，称之"汉魏遗响"亦可。但有一个读法。我在怀伯鹰文中说过："伯鹰的诗，意在言外，情寓境中，须细细玩味，方得有所领会。这用得着他所说的读山谷诗的方法：'这种诗体的特点在以很少的句子，很窄的韵脚，写出高广的境界，深远的诗路，又要自然，又要变化，又要有风神，这工作是很难的。读者须要虚心仔细去玩味作者用笔用意的方法。'"

《玄隐庐诗》卷十所收为庚子（一九六〇）作，卷末有《当轴颁下肉券恭纪》一题，诗曰：

> 曲逆昔宰肉，乃欲天下均。
>
> 圣人治大国，均肉及万民。
>
> 其如食者众，饲育益苦辛。
>
> 猥蒙县官眷，券分项窬珍。
>
> 彭亨养贤鼎，指染微贱身。
>
> 所愧无远谋，劣知远车茵。
>
> 独于庖厨间，欲远颇逡巡。
>
> 衰病况多馋，喜逢有脚春。
>
> 煎炰出肥脓，调和发氲氲。

快割不及正，长箸濡老唇。

安得任公子，投饵东海滨。

安得二小鱼，尽饱五千人。

行行且待之，鼓腹歌尧仁。

上世纪五六十年代倚赖当局颁发票证生活过来的
人，读读这首诗，当是深有体会的。玩世之作乎？
愤世之作乎？伯鹰说过："读者须要虚心仔细去玩
味作者用笔用意的方法。"

二〇〇二年二月十六日，
春节大年初五晨爆竹声中
原载《万象》杂志

# 出版局长遭难记

上海出版界的头号人物是上海出版局局长，所以上海出版界的劫难记，要从他说起。

这里说的上海出版局局长，指的是罗竹风。"文化大革命"开始时，他虽然已经不做局长了，但是因为新首长到任未久，所以出版局"走资本主义道路"的账仍都算在他的头上。

罗竹风是地方党内中上层领导干部中有一定学识和事业心、愿有所作为的人，自一九五七年起任上海出版局代理局长。他本人是知识分子，性格爽朗，善识人才，因此对出版社编辑所处地位，深表同情。编辑待遇很低，没有正式的学术职称，不为社会重视，罗竹风经常为他们说话。出版社一些编辑对他也有知遇之感。

## 短文一篇　写丢局长乌纱帽

　　一九六一年至一九六二年期间,由于"大跃进"失败,思想控制有所放松,重又提倡"百家争鸣,百花齐放",报刊上于是允许有些不同意见文章发表。罗竹风便用"骆漠"的笔名,写了一篇杂文《杂家》,登在《文汇报》副刊《笔会》上,为编辑鸣不平。杂家指编辑,文章说这也是一家,编辑为作家辛勤审阅文稿,修改加工,但书出版,作家名利双收,编辑"年年为他人作嫁衣裳",默默无闻。这本来说的是事实,而且文章宛转陈词,不过表达了编辑们的一点心里话而已。并且又是一篇小文章,读者看过并不在意。

　　但是不幸的是,这样一篇小小的杂文,没有逃过姚文元的注意。后来成为"四人帮"之一的姚文元,其时还未称为"文痞",但背地里人们已经把他叫做"棍子"。此人叫他"棍子"、"文痞",还是抬举了他。实是豢养、训练有素的一匹恶犬,凭着他的灵敏嗅觉，谁要被他嗅中，咬上一口，吠上一声，谁就倒霉了。一九五七年"反右"以后，他的文章投给任何报刊，不敢不登。他的一篇批评《杂家》的文章，很快就出来了，也登在《文汇报》上，指责《杂家》的作者有鼓动群众不满现状之嫌。一九五七年"右派"的"反党罪行"之一就是"为民请命"，罗竹风知道此人碰不得，连答辩文章也不敢写。

当然事情并未到此结束，《杂家》这笔账已经记好了。一九六四年国民经济有所好转，就像当时上海市委书记处书记魏文伯说的，"吃了两年饱饭，又要想花样弄人了"（就凭这句话，"文化大革命"中把魏文伯整得死去活来）。从中央到地方，又逐步收紧思想控制。上海市委第一书记柯庆施是一个以善体上意著称因而受到垂青、飞黄腾达的人物，所以上海跟得最快，马上召开了思想工作会议。会议的重点是批判了两个人：一个是市委宣传部副部长陈其五，另一个就是罗竹风，"罪名"就是写了《杂家》。柯庆施说，这篇文章等于就是你这个出版局长，带了一群编辑，到市委来喊冤请愿。于是撤了罗竹风的出版局局长之职,贬到辞海编辑所去编《辞海》。上海人说,姚文元一篇文章威力真不小,一个局长的乌纱帽就丢了。

最近(一九八〇年下半年),上海作家协会成立国际笔会上海中心,选举罗竹风做理事,要他填写自己作品的代表作。他说笑话道:"我的代表作就是《杂家》!"这句笑话含有多少辛酸滋味,知情人是体会得到的。

## 老账新算 十年屈辱缘此起

照说,罗竹风已经受到贬黜,他离开出版局后的事就不该由他负责了。但是不然,按照历次运动"痛打落水狗"的规矩,一个人无事便罢,只要一旦被挂上了什么事,罪名就会越来越重。因此,"文化大革命"一开始,罗竹风就被作为出版局"头号走资派",揪回出版局进行批斗("揪"是"文化大革命"中的专用词语之一),从此开始了他的长达十多年的屈辱悲惨生活。

对罗竹风的批斗，跟批斗其他"走资派"或"牛鬼蛇神"一样，不外是大字报和大大小小的批斗会，揭发、批判他的"罪行"。反正他做过的每件事、说过的每句话，无不成罪，而且歪曲捏造，不许分辩。其中《杂家》这篇文章，更是他的"大罪"之一，柯庆施还只说是他带着编辑请愿，这时就说是他带着编辑"向党进攻"，成了"反党反社会主义的大毒草"。有一次有一个出版社开批斗罗竹风大会，就把曾经在公开场合对这篇文章表示过赞赏的一些编辑，拉去陪斗，仅这一个出版社就有十余人之多，当然，事实上在内心赞赏这篇文章的人要多得多。

对罗竹风的抄家也是很残酷的，任何造反派都有权去抄他的家。先是出版局的造反派，再是他两个女儿在上海中学读书，上海中学的红卫兵也去抄，都抄了不止一次，什么东西都抄光了。他的夫人、女儿稍提出一点轻微的抗议，就被暴徒侮辱殴打。后来传说全市将有一次毁灭性的大抄家，即砸烂所有家具，并将施用各种酷刑。那时造反派打人，不许还手。一还手就是"现行反革命"，妻儿也成为"反革命家属"。所以被打的人只能忍痛至死。有名的《西风》杂志主编黄嘉音，是从上海文化出版社远贬到青海去的，就是在被打得忍无可忍时反抗了一下，立即成为"现行反革命"，关进监狱瘐死的。罗竹风夫人听到这个毁灭性大抄家的风声，不敢不信，连夜带了三个女儿逃往青岛避难。罗竹风是有罪之身，不能逃，一逃就罪名更重了。

## 囚徒生涯　朝夕请罪促投降

事实上，他也逃不了。从开始揪回出版局，他就被监禁起来，失去了自由。这在当时也有一个名称，叫"隔离审查"，也是"文化大革命"的创造之一。造反派都有这个权力。审查什么呢？审查过去的历史，把一个人过去做的事，用现在"革命"的尺度加以衡量，定出罪名。一个人，凡是在"旧社会"活过来的，他所做过的事，现在看来当然都是不革命或反革命的，都是有罪。所以人人诚惶诚恐。被"隔离审查"的人，日夜有人看守。除了批斗时，由人押解出外，其余时间整天关在一个小屋子内写"交代"。每个被审查的"牛鬼蛇神"，大概在"文化大革命"中都写过几十万字的交代。尽管你交代的都是事实，也总归说你"不老实"，随时提审，施用各种手段，有时威吓，有时胁诈，甚至拳打脚踢，要你"低头认罪"。有一次原上海新文艺出版社副总编辑、老作家梅林，就是在提审时被一个造反派小头目打翻在地，不能动弹，还要骂他装死。

在罗竹风"隔离"期间，发生过一次"同伙犯"诬陷事件。事情是这样的：一个与他每天一同学习的"同犯"，有天忽然向造反派报告，揭发罗竹风毁坏"宝像"（即毛泽东照片），证据是罗的一本《毛选》里封的照片被打上了十字交叉。这是最严重的"现行反革命"罪，按这罪行，罗竹风就可判刑，以至枪毙。但是经过一再审问，罗竹风矢口否认。他说他的这本《毛选》曾被这个告发者借去，归还后并未翻阅过，直等他被告发，方才发现。于是又转而审问这个告发者。经过几次调查核实，这个告发者在查获的打叉用的圆珠笔颜色证据前，不得不招认，是他想借此陷害罗竹风，为自己立功赎罪。真相大白，罗竹风幸而逃过一难。这个告发者平日是以研究鲁迅、瞿秋白为业的，可惜这两个人的硬骨头气节对他未起丝毫有益的影响。

关禁罗竹风的囚室，常有迁移，最后一次是关在上海出版文献编辑所一间本来不能住人的管道室内，用几块砖头垫着打个地铺。这是一所小洋房，原主听说在香港成了大轮船公司的老板，他大概想不到，当初造这所房子，后来做了牢监之用。同囚室还关着一个中华书局的老编辑吴铁生，"罪名"是曾应过国民党文官考试，并在国立编译馆工作，因此怀疑是国民党特务，也被隔离审查。一个局长，一个小编辑，原是不会结识的，这次却做了铁窗难友。

## 阴森凄厉　被迫承揽一切罪名

一个人处在当时那种失去自由的恐怖气氛中，日日夜夜听到的就是"坦白从宽，抗拒从严，拒不交代,死路一条"的阴森凄厉的口号声,加上对家人的怀念,对前途命运的绝望,神经脆弱的真要被逼得发疯。只有处在这种境遇,一个人才会了解为什么应该提出"免于恐惧的自由"作为民主社会奋斗目标之一的意义了。罗竹风还是坚强的人,他没有发疯,但是为了争取宽大处理,他也只得把加给他的一切"罪名"全部承揽下来。其实他也是"个中人",深知"罪名"是早在斗你之前已定好了的,用"态度好坏"、"从宽从严"一套做法来诱你招供,使你不得不听从摆布。

对罗竹风的定案处理,是在一九六八年八九月份工宣队、军宣队进驻出版系统之后的事。工、军宣队掌权之后,逐步酝酿对"走资派"和"牛鬼蛇神"分期分批定出"罪名",予以结案。其间一度宣传推广过一种叫作"群众定案"的方式,就是把某人的"罪行",交由群众讨论,定出"罪名",由同级组织或上级组织批准。这原是历来群众运动的一贯做法,叫做"走群众路线"。但群众在根本没有法制制约的狂热情绪的冲动下,只会发表不负责任的极端意见，采取极端的行动，以此表示"革命性"（"文化大革命"中公安、检察和法院判刑，也把罪犯的所谓"案例"发给群众讨论，而群众讨论时就只会听到一片"枪毙，枪毙"之声。这种不负责任的做法，直到近年方始改变）。罗竹风也经过这样一次的"群众定案"。那次大会的名称就叫"对死不改悔的走资派罗竹风群众定案大会"。罗竹风对要他承认的什么"罪名"都接受了，悔过了，但是不行，还是说他"死不改悔"。"群众定案"这个方式，后来中止了，改为领导与群众相结合，共同定案，但实质还是一样。

## 从严处理　感恩戴德"好快的刀！"

罗竹风的正式定案大会，是在上海风雨操场举行的，带有全市示范性质，形式极为隆重。那时出版界已和新闻界合为一个新闻出版系统，因此这个大会把《解放日报》总编辑魏克明也和罗竹风一起定案，作为"走资派"认罪好坏、从宽从严处理的样板（有人常把这种定案会称作"宽严大会"）。那天一早，就把出版界和新闻界的"牛鬼蛇神"一齐押解到风雨操场，分别圈坐在草地上，由造反派监督，勒令交代"罪行"。出版局的一个圈圈里，集中批斗一个兼党委副书记的副局长。这人原是个庸才，平时开会做报告只会照秘书的拟稿读，有次秘书在稿上注明"这里要加重语气"，他也照读不误，引起台下听众的哄笑，他还不知就里。只因加入共产党前，他做过国民党保长的文书，所以也算一大"罪名"。但他是做党务工作的，属于政工干部，所以在出版局"走资派"里仅是次要脚色。这天早上，被押解来的大批"牛鬼蛇神"，大家事先不知道这个批斗大会又要玩什么花样，但也预感到将有重大的消息宣布。当他们被押解进大会会场，看见台上横幅大标语，就知道罗竹风要被判处理了，由于联想到自己的命运，心里都有些紧张。

这个大会，可算是"文化大革命"中上海新闻出版界批斗"走资派"的一大高潮。首先是人数多，其次是整个会场气氛的低沉，最后就是对罗竹风处理之重，出人意外。这次会上宣布了两个不同的定案决定：魏克明从宽定案，因他老实交代"罪行"，认罪态度好，不戴帽子，敌我矛盾作人民内部矛盾处理；罗竹风从严定案，因他不老实交代"罪行"，态度恶劣，不知悔改，作敌我矛盾处理，戴上"反革命分子"帽子。会场上尖厉的口号声响彻云霄："打倒死不改悔的走资派罗竹风！""打倒反革命分子罗竹风！""罗竹风不投降就叫他灭亡！""毛主席万岁！万万岁！"……戴着红袖章的工宣队、军宣队和造反派，显得兴高采烈。低头站在会场后排的"牛鬼蛇神"虽然也要跟着不断举手呼叫口号，心情却大不一样，他们只感到背上一阵阵阴风袭来，毛骨悚立。

中国有句劝人的老话，叫"做人不要做绝"。"文化大革命"恰恰就是"做绝"了。做绝的手法之一，就是把你打倒在地，颜面扫地以尽，还要叫你感激涕零，谢主洪恩，"臣罪当诛兮，天王圣明"。"文化大革命"中这套做绝的手法，发展到了登峰造极的地步。就在宣布罗竹风为"反革命分子"的这次大会上，罗竹风还得站到麦克风前，表示感恩戴德。

这不由叫人想起《聊斋志异》上写一个人被刽子手砍掉了头,滚在地上的头还连赞:"好快的刀,好快的刀!"

这次大会之后,罗竹风又被造反派押解到各个出版社,向各出版社的"牛鬼蛇神"现身说法,要这些人以他为榜样,赶快老实交代"罪行",不要自寻绝路。人的尊严,践踏至此,这又是"文化大革命"一个做绝了的手法。

罗竹风的这顶"反革命分子"帽子,一直戴到一九七六年"四人帮"倒台为止。戴了"反革命"帽子,倒把他放回家了。每月发给他三十元生活费。但是家中家具全部抄光,连一张床也不剩下,在空荡荡的房间里,他孤单一人睡在地板上。妻子、女儿躲去青岛避难,不敢回来。

## 监督劳动　认真研读《二十四史》

一九六九年到一九七二年这段期间,新闻出版系统人员全被赶到"五七干校"去劳动,"牛鬼蛇神"

也都带去监督劳动，罗竹风当然也在其内。他虽然年过花甲，但劳动却很认真。上海新闻出版系统的"五七干校"，地点在上海郊县奉贤的东海之滨。这里是一片长满芦苇的盐碱地，让这些知识分子披荆斩棘，建房立屋，种菜插秧，自力更生。天晓得，这种土地哪里能有什么出产，白白浪费了大量的财力物力。

"五七干校"号称"一面劳动，一面学习"，所谓学习，就是批判斗争，你批我，我批你，或自己批自己。"牛鬼蛇神"无权批别人，只能低头挨批，但可以批别的"牛鬼蛇神"。那时三日一小会，五日一大会，不是揪斗这个，就是揪斗那个。罗竹风已经成了一只"死老虎"，造反派对他兴趣不大了，平时把他放在一边，但是每逢有什么批斗大会，一定要把他押上台去陪斗示众。徐铸成是他的老搭档，常常并排肃立在讲台边上，因为他们二人算是新闻出版系统最大的两个"牛鬼蛇神"。

一九七二年后，批斗的热潮有所降低，各个机构逐步成立，恢复工作。上海几个出版社虽然都在

"砸烂"之列，但书还是要出的，于是合并成立一个大型的综合出版社，人数有一千七八百人之多，不仅是全中国，也是世界上最大的一个出版社。工宣队、军宣队和造反派，忙于争权夺利，分配位置，对"牛鬼蛇神"的监督管理也就有所放松，凡年老体弱的，都允许请病假，或者放在资料部门做点清闲工作。罗竹风也就以有病为名，从"五七干校"放回上海。他乘这个机会，倒真读了点书，通读了《二十四史》。他发现"深挖洞，广积粮，不称霸"这句名言，原来出自《明史》（不过"霸"字作"王"），方才懂得读史确有好处。

罗竹风现任上海哲学社会科学学会联合会副主席、《汉语大词典》主编、《中华文史论丛》主编之一，精神焕发，老当益壮。上海出版系统的人都很怀念他，见到他还是称他老局长，很希望他再回出版界。但是出版界的这段经历，在他的一生中，无疑是有沉痛之感的。

一九八一年

# 改造：潘光旦一生的追求（上）

写下这个题目，立刻想到由这个题目可能产生的质疑："改造"是解放后知识分子针对自身思想、立场的专用词，解放前的知识分子一般不用这个词，怎么可说某人一生追求改造呢？我的答复是：潘光旦的一生，的确可以新中国成立为界，分成解放前、后两个时段。一九四九年社会主义新中国成立，潘光旦正好五十岁；一九六七年去世，终年六十八岁，在新中国活了十八年，绝大部分时间生活在旧中国。如果我们通读《潘光旦文集》（以下称《文集》），就会发现他前期所追求的，也是改造；但前期所追求的改造，同后期所追求的改造，虽可同称改造，却有本质的区别。前、后期追求的改造对象，是完全不同的。他前期所追求的改造对象，是客观社会，以及在此基础上产生的客观思想与观念。后期所追求的改造对象，则是主观的自我，或称旧我，以求适应新社会、新制度、新思想、新立场的需要。所以潘光旦一生，虽有前、后期之分，但都处于追求改造之中。而且前、后期的追求，都是真诚的，坦荡的，卓有建树的。正如费孝通说的，"卓越于常人的是他为人治学的韧性。他的性格是俗言所谓牛皮筋，是屈不折，拉不断，柔中之刚；力不懈，工不竭，平易中出硕果"。

按潘氏早期的追求，见之于《文集》所收录的一九四九年前的许多专著、译注及大量文论，可看出他对旧社会、旧思想的改造的热情与努力。他研究、讲授、提倡他的专业知识——优生学、人类学、社会学和性教育学等学说，以及反专制、求民主的政治观点，著之于文，发之于言，授之于大学讲坛，无不出于这一目的。他不是一个躲在书斋里不问世事的书生，而是极关心政治，并积极思考国家与社会前途与命运的热爱祖国的学者。

一九三五年是当时的国民党政府许诺结束训政，"还政于民"的期限，却违背诺言，要把训政无限延长下去，以维持国民党的一党专政。潘光旦写了一篇《训政何以必须结束》文章，直接提出了三个必须结束的理由："第一个理由是几年的训政并没有产生多大的成绩。除了和党的组织与党的生活有直接关系的人而外，恐怕谁也没有感觉到得过什么训政的实惠。""第二个理由是要人民明白宪政的道理，与在宪政下大家应作何举措，使得实行宪政后，才有希望，才有把握，先期的训练是没有多大用处的。""第三个理由是训政的规定，便无异否认了'知难行易，先行后知'的新说（按：指孙中山倡导的学说），而肯定了'知易行难，先知后行'的旧说（按：指王阳明倡导的学说）。""为什么要结束训政，一般的答复是：不结束，政府便无以对国家，无以对国民，我们的答复，根据上文的三个理由，是：不结束，政府便无以解于自己的政治信仰，即对于素所崇信的'孙文学说'没有一个交代，亦即无以对自己。"（《文集》第九卷，第九十八至一百页）这篇政论，登在《华年》杂志上，语气甚平缓，但对国民党独裁政权的批判却很严厉，责问也很尖锐，而且用"我们"提出问题，表示不仅是个人的主张，这说明潘氏这时已融入向专制政权争取民主、自由的洪流中去。同一年，时任国民党政府行政院长的汪精卫遇刺，潘氏又写了一篇《从汪院长的被刺说到宪政的不可再缓》的政论，也登在《华年》杂志上，再次申论实行宪政（即多党民主）的紧迫性与必要性。文章指出国民党一党专政的四大弊害：一为党同伐异；二为观察人、评判人或应付人，其原则是"与我好者，即为好人"或"与我同者，即为好人"；三为凡有荣辱，均归于一人（按此指领袖者）；四为恩怨分明，"爱之欲其生，恶之欲其死"。文章的结论是："惟有在宪政之下，在不同的政党与各别的人才的共治之下"，方是"惟一有效的更改方法"。这也是针对国民党政府提出的批评与忠告。

自一九三五年至一九四八年这十多年间，国事纷扰动荡，现收入《文集》第九至第十卷的文论，即多达百篇以上，其中属于政论性质的不在少数。潘氏由于阶级立场与政治见解的不同，自然不可能完全倾向于中国共产党一边，但也决不与国民党反动政权同流合污，保持着清醒的知识分子的爱国立场。越临近解放的前数年，摆在中国知识分子面前有两大问题，越显出其重要性：一是对苏联的态度，二是对民主自由的看法。潘光旦用公开的言论，表达了自己的见解。

一九四五年，他在《自由论坛周刊》杂志发表了题为《正视苏联》的文章，他承认苏联建设的成功，但不承认这是忠实执行马列主义的结果。他说："我的了解是马列主义早就走了样的，而苏俄的成功，至少有一部分就建筑在此种走样之上，而不在刻板的马列主义之上。唯有思齐景仰得过分的人才始终抱住这刻板不放，认为苏俄的成功完全由于奉行马列主义，丝毫没有违拗，更以为只要有了马列主义，一切政治经济社会制度的改造便可以垂（唾）手而得。"文章指出，"为此，我们目前迫切的希望是：第一我们在改善中苏的关系以至于国共的关系，第二要增进中苏与国共间的交际，第三要鼓励国人蠲除偏袒，或厌恶的成见，来悉心观察与研究苏俄的民族、制度与人民的实际生活"（《文集》第十卷，第三十八至三十九页）。大家看得出，这种中间偏左的言论，照当时的政治形势，事实上是帮苏联说话，间接也是帮中国共产党说话。更有意思的是文章中反对"刻板的马列主义"，这同延安整风反对的"教条主义"，若合符契，说明党外的潘氏在一九四五年也看到了这方面的问题。

《读〈自由主义宣言〉》一文写于一九四八年三月，发表于上海出版的自由知识精英论坛《观察》杂志。再过一年，北平解放，中华人民共和国宣告成立，旧中国的知识分子将要同旧社会的一切旧思想、旧观念彻底决裂，进入另一个新的改造时代。潘氏这篇文章也是他为改造旧中国而发表的最后一次言论。他借评论一九四七年举行的国际自由主义大会发表的《自由主义宣言》的机会，正面发表了自己对自由与民主的六点意见：（一）主张用自由思想与民主生活，代替主义二字。"不用主义的字样，即所以避免所服膺的理论的偶像化，凡百事物之中，惟有偶像化的强制性最大与最牢不可破，而强制与自由是两个相反的东西。"（二）主张以"尊重每一个人的人格"，代替"尊重个人"，以此作为"社会的真正基体"。(三)主张家庭亦应列为社会的基体,"认定惟有健全的家庭才可以把人格的独特性与社会性的发展,兼筹并顾,从而于个人与社会之间,减轻其冲突,增益其协和"。(四)主张"国家是人或人格的工具,在人格发展的总目的之下,国家、家庭、文化的种种方面,包括宗教在内,全是工具"。(五)主张认识自己与控制自己的两大教育原则,所求与所得不至于逾量过火,受其束缚控制,就是自由。(六)主张人口的增殖,"于人口的数量以外,更须顾到人口的质地"(《文集》第十卷,第一百五十九至一百六十八页)。按这篇文章除政治问题外,更多涉及社会问题、优生问题等,尤其对个人与国家、个人与政权关系,分析极细,这是不同于一般泛泛之论的地方,可看做一个自由思想学者立场的公开告白,虽然包含了潘氏一贯对国民党一党专政政权的批评,但对于迎接即将到来的人民民主专政的新时代、新社会,显然还是"自说自话",准备不足的。

　　《文集》于一九四八年这一年,还收录《学校与"训导"教育》、《妇女·儿童·母亲》、《社会学者的点线面体》、《工业化与人格》、《读书的自由》等十八篇文章，仅从这些题目，已可知道，潘氏立志改造旧中国、旧社会的努力，继续不懈。但这不过是他前期生涯最后的努力，是他一生的前期改造追求的结束。

二〇〇三年二月

# 改造:潘光旦一生的追求(下)

这几年,报章杂志有许多文章,竞说(亦可谓之艳说)"清华名流"。从知识不值钱到知识大值钱,这是必然的结果。这些竞说"名流"的文章,有一个共同的特点,就是只说或多说"名流"的好事,不说"名流"的倒霉事或难言之事,甚至把倒霉事也说成好事,难言事则或讳或瞒。所以竞说成了艳说,歆羡之情,溢于纸上。"名流"的好事,固然应该说,但这只是"名流"的上半篇文章;作为"名流"的完整的一生,他还有更令后人不能忘怀的下半篇文章,同样不应置之不说。

二〇〇三年一月五日的《文汇报》"新书摘"专栏,摘编了一本书名就叫《清华名流》的新书。从这篇书稿中,读者看到了三位"清华名流"即叶企孙、潘光旦、金岳霖的故事。但是,对于"一代宗师叶企孙"的事迹,书摘只叙述到一九四六年为止,后面就没有了。对于"逻辑学者金岳霖"，书摘只强调他是"一个不食人间烟火的人物"，却不提他曾是毛主席的座上常客（金岳霖《我同毛主席吃过四次饭》，载《金岳霖的回忆与回忆金岳霖》，第五至六页），蒙"特达之知"。即使是"清华名流"，这也是绝无仅有的殊荣，为什么不着一字呢？对于"优生学权威潘光旦"，既不提他后期追求自我改造的艰苦努力，也不提一九五七年他遭遇的"反右"之难；只说周总理为中印边界问题和民族学院为《辞海》集体编写民族部分时借用他的藏书，却不说他为中印边界问题翻译资料和为《辞海》写条目，乃是无偿使用"右派分子"或"摘帽右派"知识劳力的一项政策。这本书可称集艳说"名流"之大成，但"清华名流"荣辱各殊，岂可一律艳说？

一九四九年，迎来了新中国的成立，天安门城楼上一声"中国人民从此站立起来了"，实现了百年来向西方寻求真理的中国知识分子的心愿。潘光旦同全国人民一道，欢欣鼓舞地"满怀激情，靠一条腿，两根拐杖，参加了开国大典上的游行"（姚杉尔

165

《中国百名大右派》，第三百一十七页）。他衷心拥护中国共产党的领导，进入了他后期追求的改造年代。他要过几关，就像《圣经》说的，要在火里烧几次，水里泡几次。他要过思想改造关、土改关、"反右"关、"文革"关，还有一些什么交心、洗手洗澡、上楼下楼等小关。从《文集》收录一九四九年后的文论、专著和部分日记、书信中，可以窥见潘氏后期改造的基本轨迹。他对待改造的态度，第一是主动，第二是积极，换句话说，完全是真心实意的。这在像他那样的高级知识分子中间，应该说是十分突出的，起了良好的自我改造表率作用。

他接受自我改造，首先主动要求改造资产阶级立场，同美帝国主义划清界限。《文集》第十卷收录他于一九四九年八月三十日写的一份未完成的手稿，题为《论所谓"民主个人主义"和服膺这种"主义"的人》，这是为驳斥"美帝白皮书"而写的。一九五〇年六月，他正式写了一篇长文《美国心理的诊断——论艾奇逊关于外交政策的三篇演说》，这是公开发表的，载于《观察》杂志，又收入民盟中央编的《斥美帝国务卿艾奇逊》一书。同年七月，又写了《大错铸成的美国》长文，反对美国派舰队到台湾，出兵朝鲜南部，登在《光明日报》。同年十二月，写了《"将欲取之，必固'与'之"》，揭露美国等帝国主义国家对殖民地的掠夺与剥削。一九五一年在《新观察》杂志发表长文《"民主"国家的一笔法西斯账——美国反犹太运动略史》，进一步揭发美帝"民主"真相。随后又在《文汇报》发表了《老无所终的美国——论美国生活方式的一斑》，在《新视察》发表了《欲为和平奋斗先须抉别是非》，在《光明日报》发表了庆祝中国共产党诞生三十年的《巩固扩大中国人民的胜利》。这一系列清算美帝国主义的文章的最后亦最重要一篇，是一九五二年二月发表在《光明日报》的题为《为什么仇美仇不起来——一个自我检讨》的长文，彻底清算了自己的崇美恐美亲美思想，自谓"认识到了问题的症结，搜索到问题的根苗，所以仇美仇不起来，乃至仇许多别的坏东西也仇不起来，是一个人十足的阶级立场的问题"。这都是努力用无产阶级的立场观点，要求自己，检查自己的成果。这中间,潘光旦"读了毛主席的《湖南农民运动考察报告》、《农村调查》和《实践论》以后",还写了题为《调查与实践》的学习报告,发表在一九五一年十月的《光明日报》上,也是一篇企图用毛泽东思想来改造资产阶级社会学调查的尝试,说明他对自己的本行社会学,亦已采取否定的态度。

一九五一年二月至四月,潘光旦与同事全慰天参加太湖流域的土改,合写了一本带学习总结性质的小册子《苏南土地改革访问记》,现作为专著收入《文集》第七卷。这是一部验证并宣传党和人民政府所制订的土改政策正确性的书,有实地调查,有具体材料,有亲身体会,有研究分析,更有学术性,因此对一些在解放初期对土改尚有误解疑虑甚至反对的人,很有说服力。不必细说此书的内容,只要看几个章节的大题目,就知道它的针对性,如:《谁说"江南无封建"?》、《苏南封建势力的几个特点》、《苏南农村两种租佃制度的分析》、《从"义田"进一步看苏南的封建势力》、《土地改革必须是一系列的激烈斗争》,等等。大题目下还有许多小题目,更能突出它的阶级性,如《地主占有大量土地》、《地主的荒淫无耻》、《又是地主又是"官"》、《土地改革"好得很"》等等。

以上这些文论和关于土改的专著,再确切不过说明三点:一、新中国成立后的潘光旦,力争不做美国国务院白皮书所寄予希望的"民主个人主义"者,就是《毛选》所指的,"他们的头脑中还残留着许多反动的即反人民的思想,但他们不是国民党反动派,他们是人民中国的中间派,或右派。他们就是艾奇逊所说的'民主个人主义'的拥护者"。二、解放后的潘光旦跟准了共产党,也跟定了共产党,凡是党发出的号召,党制定的方针、政策,无不心悦诚服,坚决执行。他发表的这一时期的文章、专著,超出了其他有相同背景与经历的人。三、潘光旦是一位有国际声誉的大学者,他发表的文章、专著,他的转变与改造,对知识分子产生巨大影响,有利并推动知识分子的改造。

但是,一九五七年的"反右"关,潘光旦未能过关。他原以为经过改造已是新中国主流社会的一员，孰料这是他的一厢情愿。他在这道关口前被拦于关外，成了另类的"右派分子"，从此将开始另一轮的改造生涯。《文集》于一九五七年的文论中，仅收录他在学术界的"百家争鸣"问题座谈会上的一份发言记录和在全国政协会上就土家族问题与向达的共同发言。这两份发言，在他成为"反右"目标人物后，虽然也可罗织成他的"右派言论"与"右派罪状"，但还不足以构成主要原因。使他坐实为"右派"的主要原因，实是他积极参与民盟中央的工作，任民盟中央常委，是民盟高层中坚分子。早在抗日战争时期，潘光旦已加入民盟。一九五一年，他写《一多安葬祭告词》，告慰老友闻一多于地下说："当初你(指闻一多)在昆明入盟的时候，全昆明怕数不上二十个盟友，如今单单清华园便已有到六七十人，都肯努力学习，准备对人民出更多的力量。"自写此文至一九五七年六七年间，仅清华园内的盟员人数当已发展至两三倍不止，大有"恶性发展"之势。潘显然为引人注目的民盟活跃分子，甚至活跃过头了。应该承认，在一定的气候条件下，民主党派存在着从被领导关系走向在野党或反对党的潜在趋势，必须迎头痛击。《文汇报的资产阶级方向应当批判》指出："民盟在百家争鸣过程和整风过程中所起的作用特别恶劣。有组织、有计划、有纲领、有路线，都是自外于人民的，是反共反社会主义的。"（《毛选》第五卷，第四百三十五页）这就为民盟定了性，也为潘光旦定了性。他与"百口难辩"的"章罗联盟"主帅之一的罗隆基关系密切，遂被打成"罗隆基小集团"成员，顺理成章地成了"右派分子"。民盟中央批斗经过，当年报纸有较详报道，兹不赘述。有一点或可为后人风者，即在民盟中央批斗会上，主持人宣布"罗隆基小集团"名单后，排序为名单第二名的潘光旦也交代了一份名单，却把重要的费孝通、吴景超、叶笃义三人名字隐去（《大公报》，一九五七年七月六日）。他这是有意识打掩护，把责任揽到自己身上。没有成功，这三人照样做了"右派"，但说明潘光旦未曾像他的有些盟友那样，竞相揭发，同室操戈。按对运动对象戴帽或戴什么帽，是中国政治运动史上一大杰作，也是一门大学问。

　　据《文集》第十一卷附录《潘光旦生平和著作年表》：潘光旦一九五七年七月，戴"右派分子"帽子；一九五九年十二月，摘去"右派"帽子；一九六七年六月十日以"摘帽右派"身份逝世。"右派"而两年摘帽，以示"确已改好"，是数十万仰望摘帽的"右派分子"中的幸运儿，但摘帽后的待遇仅恢复"同志"称呼，工资不恢复，仍是"右派"待遇，是为"摘帽右派"。《文集》附录费孝通《潘、胡译〈人类的由来〉书后》记述："一九六六年九月一日，红卫兵一声令下，我们这些所谓'摘帽右派'全成阶下囚。"（《文集》第十四卷，第九百五十九页）可证"摘帽右派"是"右派后"公认的一顶帽子。又据《年表》，潘光旦戴帽成"右派分子"次年即一九五八年三月至一九五九年三月，入社会主义学院学习。此为潘氏后期改造的开始。与前期改造所持态度一致，潘氏后期的十年改造，虽主客观环境大变，仍是认真执著，积极追求。一句话，完全真心实意追求改造。别的不说，凡组织安排的各种学习讨论大小会议，据他日记所记,无一次不参加,从无厌烦表示;或因事因病不能出席,亦必按规定请假,从未自居名流或大学者稍有懈怠。我读本书所载日记至此,每每为之感动,觉潘氏之诚之真。

按潘氏日记,抗日战争期间昆明日记已毁于"文革",今存《图南日记》,编入《文集》第五卷;《苍洱鸡足行程日记》,编入《文集》第十一卷《旅行记》部分;又有作者自题《存人书屋日记》,仅为一九四七年一月一日至九月二日及一九四九年八月十三日至一九五〇年三月六日二帙,亦收入《文集》第十一卷。日记中较完整的为编者题名的《晚期日记》,起一九六一年一月,止一九六五年十二月,前后年月日无缺,亦见于《文集》第十一卷,这部日记,较为详细地记下作者后期改造生涯。

现举一九六一年一月的日记为例。如一月三日日记云:"下午出席'神仙会',仍在(费)孝通寓。"四日日记云:"午后进城至盟中央参加学习《八十一国共产党与工人党声明》,(叶)笃义作系统发言。"五日日记云:"午前出席'神仙会'。"六日日记云:

"五人小组《毛选》学习，今晚暂停一次。"可知当时日夜皆安排政治学习。九日日记云："夜，五人小组学习《毛选》例会，听孝通读出一九四九年八月美国政府发表白皮书时艾奇逊致杜鲁门之信件，与白皮书同为一大篇无可奈何之供状！"十日日记云："午后出席'神仙会'。"十一日日记云："午后入城，参加盟中央小组学习，所论仍围绕《莫斯科声明》中所提之和平与战争问题及和平共处问题。"十二日日记云："午后'神仙会'如例。"十三日日记云："《毛选》学习小组暂停聚会一次。"十四日日记云："二时至盟中央学习，所谈续以'战争与和平'为中心。"十六日日记云："下午参加'神仙会'临时小组会。"十七日日记云："午后参加'神仙会'例会，续谈昨题，暂告段落。"十八日日记云："午后入城参加民盟中央学习，讨论当前世界形势中主要矛盾。"十九日日记云："午后出席'神仙会'例会，话题转最近中央关于公社与农业之十二条指示及北京市委之措施。"二十日日记云："午后至政协，参加座谈会，听国务院文教办报告。"二十一日日记云："盟中央学习，续谈

174

主要矛盾问题。"二十三日日记云:"夜(《毛选》)学习小组例会。"二十四日日记云:"午后出席'神仙会'例会,所谈续上周星四题目。"二十五日日记云:"午后入城参加盟中央学习,讨论党八届九中文件及有关《人民日报》社论。"二十六日日记云:"午后参加'神仙会',谈对'神仙会'收获。"二十七日日记云:"饭后应召至办公室参加座谈会,谈支援农村问题。"二十八日日记云:"近午提前入城,盟中央学习集中谈主要矛盾问题。"三十日日记云:"夜《毛选》学习小组例会,谈二事:一、结合四卷末尾若干追忆解放前与帝国主义分子接触情况;二、交换近顷学习心得。"三十一日日记云:"午后'神仙会'例会,续谈对'神仙会'观感及收获。"

仅此一个月的日记,我们就可看到,潘光旦所参加的政治学习,几无日无之,且常日以继夜。而学习的目的,当然就是以毛泽东思想进行思想、立场的改造。直至一九六五年年末,此时吴晗《海瑞罢官》之批判已展开,"文革"已显端倪,而潘光旦之学习尚在继续。如此年十二月二十八日日记云:

"午前整理小组中总结发言稿，写出纲要。午后入城出席小组会，即此谈一过，同志们认为可供交流会中发言预备稿之一，余一为孝通者，志超者或亦可用，最后待政协学委领导酌定。"二十九日日记云："竟日写发言稿，完约一半。"三十日日记云："续写发言稿，完，得七千字，夜又校阅一遍，较星二据纲要发言之内容为稍稍深入矣。"三十一日日记云："粥后至政协，出席江西武汉参观队结束大会。"《晚期日记》于此结束，亦可说这是一部潘光旦的学习日记或改造日记，贯彻着他的诚挚认真的学习与改造追求。

再从与友人和家人通信中，也可看出他对学习与改造的态度。一九六二年十一月十一日有致刘振乾信。据《文集》编者注，刘原为中央民族学院教师，曾随潘访问湘西北土家族地区，一九五七年划为"右派"。信中说：

> 你来过许多信，我因眼睛关系，没有可能细阅，但大概的情况是明白的。本来想和你面谈的话，现在只好在这里简单的说几句。你的

176

两大问题都解决了，是值得欢喜的。今后的问题是于继续改造的同时，搞好业务。……将来有机会时，便可以申请转为民族方面的工作。这种机会，不用说，也是不应当强求，……这就是对你的改造的一个考验。（《文集》第十一卷，第二百一十三页）

这是诚恳地勉励年轻友人（估计也是"摘帽右派"）认真踏实进行改造，接受"考验"，做出成绩。一九六四年八月二十八日致女儿乃谷家书，谈到自己的改造问题，信中说：

五、六月间去泰安，总结收获时，我作了一次关于对阶级的认识的比较系统的发言，归来后，又就此题目在民盟中央学习联组会、政协学习交流大会、盟北京市委学习联组会上，先后谈了三次，受到大家的欢迎；在盟中央的学习联组会上，李部长自己要求出席听取发言，末了表示意见，专提到我，同意我的许多看法，并说我"终于攻破了自己的堡垒"，我听了自是得到鼓励……改造要从大处着眼，小处落墨，所见要大，具体的改造则须一点一滴随时随地地做。反动的调和论思想是深入到生活的一切方面与角落的，是个大题目，必须在认识上首先予以清除。（《文集》第十一卷，第二百一十五至二百一十六页）

按此信所提"李部长"，即中央统战部长李维汉，是领导民主党派和民主人士改造的最高负责人。凡经过改造历程者，皆知改造之途之艰，途中所遇何止八十一难。同为民盟高层人士及"摘帽右派"的宋云彬日记，曾记罗隆基一事："下午，赴民盟总部参加座谈会，谈此次赴各地参观后感想。罗隆基首先发言，历一小时余，至最后声泪俱下也。"（《红尘冷眼》一九六〇年三月二十五日，第五百二十一页）谈参观感想而至于"声泪俱下"，当然是结合自身的思想改造之顽固，而痛心疾首了。故而李维汉部长对潘光旦的改造能有如此赞赏之词，自然使被改造者受宠若惊"得到鼓励"。于此亦可见潘的改造是有目共睹的，从宋云彬一九六五年八月十六日至二十日日记所记潘光旦参加政协小组学习会事可证：

"上午小组讨论如何认识自己的问题，潘光旦发言，精彩之至，大家叹服。""上午八时半起，联组座谈，以潘光旦、谢家兰二人之发言最为精彩。"（《红尘冷眼》，第六百七十五页）

这里还可补充一件潘光旦真诚改造的具体事例，不仅见之于发言或文字，并有实际的行动。一九六四年，他曾要求在美国学成做眼科医生的女儿，回来为祖国服务。据叶笃义记述："他（指潘光旦）生有五个女儿。他把他的第五个女儿从小过继给他的弟弟潘光炯（在香港做生意）。潘光炯把她抚养成人，后来送到美国受教育，当了眼科医生。潘先生得知此事后，一九六四年曾想把她要回来，叫她为祖国服务。潘光炯没有同意，此事因而作罢。我之所以提及此事是要说明光旦先生，有人在反右时批判他是'铁心皮球'。意思是说他外表上总是如皮球一样柔软，而他的心却像一块生铁那样坚硬。生铁那样坚硬的心却叫他长期在外受人抚养的女儿学成之后，想叫她回国服务。只此一件事就足以说明当时批判者的谰言了。"（《虽九死其犹未悔》,第二百〇五页)按"反右"时"批判者的谰言"不止一端,如称潘"挑拨少数民族关系"、"是帝国主义撒下的恶毒种子"等,编织罗造,无所不用其极,批判者中不乏高级干部及平素同事友好,散见当年各大报刊,这些都没有动摇潘光旦跟共产党走,"为祖国服务"的信念。

但是,"文化大革命"一来,一切翻脸不认账了。《毛选》第一篇开宗明义三句话:"谁是我们的敌人?谁是我们的朋友?这个问题是革命的首要问题。"现在,当年及其后的朋友都成了敌人。潘光旦的改造、民主党派的学习、李维汉的讲话,等等,统统"横扫"一空。潘光旦也在这个"大革命"的第二年结束了生命。按照潘光旦后期追求改造的路程,若天假以年,原是完全有可能像他的清华同人金岳霖、钱端升、叶笃义和周一良等人那样,申请加入中国共产党,成为中国共产党的一员。

二〇〇三年二月

# 潘光旦的旷达与谐趣

常见旷达者,每嫌谐趣不足;亦有善谐趣者,惜少旷达之识。我读《潘光旦文集》,知旷达与谐趣实可统于一身:惟旷达方解谐趣真谛,惟谐趣乃臻旷达之境。此可为潘光旦赞。

《文集》第十一卷,收录《存人书屋拊掌漫记》未刊稿,共四十则,为文言短篇笔记,记述抗日战争中清华教授播迁南下及至昆明置校期间言行,谐趣横生,韵味裊然,可作"新世说"读。试录三则:

余与(雷)海宗离平到湘后,内子与海宗夫人皆不健笔,来书甚少,余约计平均每月只一信,海宗则更少,四阅月中,所得只一函及二明片。某日与海宗晤,谈及此事,余谓亦有法使彼等多作书乎?海宗摇首曰:鞭长莫及。余不禁大笑,徐曰:鞭字有语病!

执政者某（按指孔祥熙，时任国民党政府行政院长）自云圣人裔，到处以此自炫，其为圣人第几代裔孙之字样，见诸名人录，见诸《纽约时报》，余尝为文揭之，近有人语余，其人在国外之名刺上，亦刊此字样。又谓其公馆中所悬之圣人像，亦面团团颇肖其本人云。余为此几欲舍谱学不治。

英王爱德华第八世加冕，（吴）景超随贺礼专使某圣裔（指孔祥熙）赴英，久而始归，业雅（指吴夫人）本居湘潭，特快车兼程赴香港迎之。既行，余谓（范）莆斋等云：此亦移樽就也。

《拊掌漫记》中谈笑多涉及性，这与潘氏研究性心理学当有关系，然而谈言微中，会心一笑，谑而不虐，适见此类话题为大学与市井共有，实为人性之一部分，不过用词有雅粗之分而已。

潘氏后期一忙于改造学习，写思想总结等，不大有闲情逸趣可言了，但晚年于课孙调孙时，仍能出之以观察并发现童趣的眼光，以此自娱。如一九六四年八月二十八日致女乃谷家书云："小玉(乃谷女儿)在此已能渐渐适应,想妈妈而哭,或想三姨而哭,已逐步减少了。我到家后不到一两小时,就肯坐在我腿上玩书桌上的东西。眠食都正常。常到舅妈家去走走,有时不客气的即留饭。有问必答,说得很清楚,问起抽烟,说爷爷奶奶都不抽,舅爷爷则抽,等等。"(《文集》第十一卷,第二百一十六页)又一九六六年五一劳动节致女家书云："小玉生活习惯续有进步,我是比较生硬些,但看来还是收些效果的。……近来已能在报纸上、小人书上识些字,方字块是用不着了;也已会算算数。前天看报,读天气预报,说今天是'闹三月初……日',把闰字念别成闹字,引我笑了半天。"(同上,第二百二十一页)这种描写,只有尚含童心的人体会到,写得出;而童心是谐趣的基础。

或译事之余,与费孝通师生二人互逗为乐。费有记云：

　　潘先生每有得意之译,往往衔着烟斗,用他高度近视的眼睛,瞪视着我,微笑不语。我知道他在邀我拍案叹服，又故意坦然无动于衷，以逗他自白，师生间常以此相娱。此情此景，犹在目前。（《文集》第十四卷附录，第九百五十六页）

这段文字字数不多，却活现出一个心胸坦然、天真可爱的学者形象。宋云彬日记《红尘冷眼》中，曾留有一帧宋为潘光旦等人拍的照片，照片上共五人，潘立正中，着中山装，领口敞开，胁依双拐，侧首昂然露齿而笑，门牙处见一豁口，圆滚滚的面孔，戴着眼镜，一副憨态可掬的顽童模样。照片未记拍摄时间，置于一九六一年五月二十一日日记右方。查宋此日日记，有中央统战部座谈会，出席者为吴文藻夫妇、潘光旦、费孝通等约二十人。潘《晚期日记》此日所记亦同。宋云彬喜为人拍照，这幅照片估计即摄于此日。潘光旦真是一位快乐的、开心的、满怀谐趣的人，甚至从照片上也给人这样的印象。

本文前面说过，潘光旦的谐趣，实源于他对世事的旷达，这是一般人学不来的，尤其在生死之际表现出来。《文集》附录生平年表载：一九六六年，潘是年在"文化大革命"中被打成"资产阶级反动学术权威",遭受迫害。一九六七年五月十三日,病危住积水潭医院。六月一日,回到中央民族学院家里。十日,逝世。所述甚简单,费孝通的记述较详,对"遭受迫害",有具体描述:"潘先生的书房卧室全部被封,被迫席地卧于厨房外的小间里。每日劳改不因其残废而宽待。到翌年六月十日因坐地劳动受寒,膀胱发炎,缺医无药,竟至不起。"叶笃义回忆潘去世前情况:

> 他的前列腺病症越来越严重,费孝通不得不把他送到积水潭医院做手术。……医院里整天闹"革命",一切正常医疗手续都顾不上了。他插进小便的管子掉出来了,也没有人管。他尿在床上也没有人过问。我去看他,他叫我到民族学院告诉费孝通转告潘迺穆(按潘的长女)去接他回家。……第二天上午潘迺穆去看他,劝他继续住在医院,在他的坚持下,终于把他送回家。

> 我把潘先生的病情告诉他的老朋友人口

问题专家陈达。我和陈达第二天下午同去看他。他见到我们时神情还和往常一样，有说有笑，精神似乎比在医院还要好一些。第三天下午我再去看他，他已经不在人世了。我万分悲痛回到家中，写了两副挽联，用以寄托哀思：

平生不事积蓄只落得两袖清风遗书万卷

老来自勉服从临终时家破人亡不怨一言

仲尼在颜渊奚敢言死

子期殒伯牙不复鼓琴

（《虽九死其犹未悔》，第二百〇六至二百〇七页）看他死前"家破人亡，不怨一言"，还"有说有笑"，这是何等的旷达！古人中，唐朝敢于向皇帝呈递《谏佛骨表》的韩愈，号称旷达，同时也是极有谐趣之人，他与学生上课，"讲评孜孜，以磨诸生，恐不完美，杂以诙笑啸歌，使皆醉义忘归"（李翱《韩文公行状》）。此"诙笑啸歌"，即韩愈的谐趣，只有胸怀旷达的人做到。韩愈临终前，意色不荒。学生张籍随侍在侧，有祭诗云："公有旷达识，生死为一纲。及当临终晨,意色亦不荒。赠我珍重言,傲然委衾裳。"后人因此称颂韩愈的人品。韩愈一生也吃过许多苦头,但临终前富贵荣华名誉全有了,最要紧的是他已免于恐惧了,可以安心傲然接受死亡。相比之下,潘光旦身处尚未免于恐惧的环境,面对死亡,谈笑自如,生死之际今人处境更显得艰难,需要十倍的勇气,十倍的旷达。

二〇〇三年二月二十五日,于上海

# 桑榆闲话

## ——兼怀苏渊雷先生

古人活过七十岁的，可说很少很少。所以杜甫的诗说"人生七十古来稀"，后来人们便将七十岁定为"古稀之年"，或以"古稀"作为七十岁的代称。杜甫本人只活了五十八岁，与他同时代的王维活了六十岁，李白活了六十一岁；稍后的韩愈活了五十六岁，而天才诗人李贺只活了二十六岁。白居易算是活过"古稀"的，寿最长了，七十四岁；今天看来，他也还只是"小弟弟"。

一部《二十五史》，所载都是名人，活过七十岁的也不多。随便打开一看，事业成就足以名垂青史，而年寿却多短促不永，与近现代最接近的清朝也不例外。例如著名诗人黄仲则只活了三十六岁，大史学家全祖望也只活了五十岁。例子不必多举。

今天，七十岁和超过七十岁的人，已不稀奇了。

据说单是上海一个地方,已有一百五十万人。再过若干年,可能进入老人社会。这也是世界性现象,不是我们的"优越性"所独有。老人的生活,既是个人问题,也是社会问题,我认为,主要是个人问题。社会有责任为老人提供服务,但老人自己应该首先珍视生活,善享生活,把晚年的生活视为一种乐趣,快快乐乐地度过有生之年。但要过一个关,就是"发挥余热"关。余热自然是要发挥的,否则靠什么来安度晚年?但现在有许多人错会了这个意思,以为"发挥余热"就是继续做一些退下来之前的在职在位时的事情,对名和位和利,恋恋不舍,非要卧床不起时才罢。这样烦恼就来了,晚年的生活愉快不起来了。

孔子是一位洞达世故的智慧老人,他是活过七十岁的,他为后人留下不少有用的格言。他指出,"君子有三戒",关于老年人的一戒是:"及其老也,血气既衰,戒之在得"。这个"得"字,朱熹注释为"贪得也"。可见"得"就是"贪","得"是说得好听点的名词。老人而仍念念不忘于"贪",他的精神生活,他的所谓晚节,也就高尚不起来了,所以要"戒"。据范宁的注,戒的意思与"血气"相对,指"志气"。我以为用今天的话解释,就是理智。当老人发生贪得的念头时,应该用理智来加以克服。范宁认为老年人的理智必占上风,所以他说"年弥高而德弥劭(美好)也"。但我以为,要做到这点并不是很简单很容易的,首先还是要过一过上面说的"发挥余热"关。

九十年代初,我与几位师友一同住在苏州的洞庭西山,开一个为期十天的学术讨论会。好几位老先生已年过八十,但仍精力旺盛,不输年轻人多少。其中苏渊雷(仲翔)先生,尤为活泼健朗,红喷喷的脸上整天挂着笑容。这个会,名为讨论会,实以休息为主。会议主人要大家吃得好,睡得好,讨论是有话则长,无话则短。所以大家在一起闲聊的时候多。一次,同苏老谈起孔子的"三戒"。苏老说,孔子说的"戒之在得"的得字是名词,我现作介词来用,也是针对"及其老也"的老人,叫做"四得"。就是:"拿得起,放得下;想得开,看得透。拿得起,指在位时掌握的名誉、地位、权力和利益。放得下,指退位退职时立刻将以上所有一朝弃之如敝屣。想得开，指退下后的心态平衡。看得透，指对世事要有透彻的悟解，要大彻大悟。"

我看当时的苏老，的确做到他自己说的"四得"，逍遥自在，游戏人间。他学佛有得，但并不以佛法自拘。他每天中晚吃两顿酒。席上有酒，就吃席上的酒；否则就掏出怀中自藏的小酒瓶，吃自己的酒。从不过量，每餐一小杯多一点。酒不分好次，有酒即饮。大家称他做"酒仙"。酒后微醺，伸纸作书，笔走龙蛇，狂草起落，如有神助。一头白发，红彤彤的两颊，我比之为鹤发酡颜。他又是诗人。清朝诗人王渔洋提倡神韵，苏老的诗真得神韵三昧。他有两句诗道："解得法门无尽义，春风到处有莺啼。"（自题《旧著存髓》）

这就是他的对待生活的态度，把生活看得如此美好，如此有趣。过去一切坎坷波折，全化解开了。苏老于一九九五年以佛家居士身化去，年臻米寿（八十八岁），他的桑榆晚境是过得快快乐乐的。

一九九八年二月十日

原载《文汇报·笔会》

# 亦开风气亦为师

## ——为胡适一辩

胡适曾说，他最服膺龚自珍一句诗"但开风气不为师"，表示自己对新文化只是做点提倡宣传工作。我现在把这句诗改两个字，叫"亦开风气亦为师"，以此实事求是地评价胡适，表示他不仅提倡新文化，还努力实践新文化。譬如胡适提倡白话文，一生就只写白话文，连打电报也用白话；他提倡白话诗，就写了《尝试集》，不管有人笑他只是把词调的长短句白话化；他提倡"整理国故"，就自己动手做小说考证，至今许多人还在拾其唾余，赖以成名。胡适在中国哲学史、白话文学史方面的倡导之功，不多谈了。开风气已属不易，这只有真具远见卓识的大学者做得到；实践更是不易，这要拿得出实实在在的大著作，方足以推动一世或几世的学风。近现代的学人中，有几个做到呢？所以我说胡适"亦

开风气亦为师"，既开风气又为师表，虽然他自谦
"不为师"。

传记作品在胡适繁富众多的著作中，也是一个
重要的门类。他提倡写传记，曾劝说同时代一些前
辈学者如梁启超、蔡元培等人写自传。他自己也写
自传，并为古人和今人作传，作年谱。要研究、了解
或阅读胡适，他的这些传记作品是决不能漏掉放过
的。最近东方出版中心出版了《胡适传记作品全
编》，共四卷五册，收入了胡适的所有传记作品，有
的还是从日记、遗稿中辑录出来的材料，确实是一
部"全编"。我想这对我这样一个购书不便的读者，
当然也对更多的读者来说，都是一个极大的方便，
可以省掉从分散的著作中寻找的麻烦（因为多数时
候是找不到你想找的文字），又可以集中起来阅读，
前后有所比较。这就是分类编辑的优点。我本来
是不大赞成把学者的著作分类编辑的，以为这是
"选家"（如《文选》、《古文辞类纂》等选本）的习气。
现在看来，当作学术事业来做的学术著作的分类编
辑出版工作，还是值得做的，有其好处用处，会受到

读者的欢迎。关于胡适的著作，近年来已陆续分类编辑出版若干种，有古典文学论文、书信、日记等，但都还不够完全，称不上某一类的全编，而且缺少传记作品。现在这个传记作品全编的出版，正可弥补这方面的缺憾。

胡适在近现代文化史、思想史上所处的地位，近年的评价已逐步有所提高，但比起其他已被炒得发热的被称作"大师"的学者，他还不是热门的人物，学术评价方面总还有所保留，如有的回忆文章常喜追述与胡适同时代学者讥笑胡适的"浅薄"之类。其实这种带酸意的说法，倒是显得十分浅薄，胡适在"五四"时期提倡什么，实践什么，一般人做得到吗？我常认为，数"五四"人物，其思想学术道德文章，足以涵盖当世泽被后代者，舍鲁迅外，唯胡适一人。胡适曾说，他提倡传记，乃是认为传记的巨大功用之一是"有裨于人格教育"，但要求做到这点，"最重要的条件，是纪实写真"。就是说，必须真实。胡适本人就是始终保持自己的人格的学者。近来写回忆录、写传记的风气很盛,但也不乏虚构失实之作,读一读胡适的这部真实生动的多姿多彩的传记作品文集当是大有裨益的。

一九九九年三月十日<br>原载《新民晚报·读书版》

# 半个世纪的雪泥鸿爪

## ——琐忆新文艺出版社一点往事

五十年代初,我到新文艺出版社做古典文学编辑。从此与上海出版界共沉浮,几近半个世纪。中间历经机构分合,人事变迁,政治运动。风雨沧桑,人来人往,足可以写一本回忆录。

中国的出版业,有一个优良传统,就是学者办出版社。中国有成就的出版家,无不是学者型的出版家。早期的商务、中华,以至开明,三十年代的生活、新知、读书(即三联书店前身),莫不如此。所以能顺潮流,开风气,为知识界引路导向。我说的"学者",不仅指主持者,同时包含这些出版社编辑部的编辑们在内。没有学者型的编辑,不可能产生学者型的出版家。当然,没有学者型的出版家,也凝聚不起学者型的编辑部。二者是互为依赖的。

五十年代初的新文艺出版社,在我的眼里,就是典型的学者办社，从社长、总编到编辑都称得上是学者，学术空气浓烈，人人都有一股解放初期那种高尚的道德纯净感，以及愿为事业献身的精神。讨论问题就事论事，人际关系很简单，后来复杂化起来，这些就成空话了。当时的社长是刚接替刘雪苇（时任华东局宣传部副部长）的李俊民，他是三十年代左翼老作家。刘雪苇在宣布李俊民接任社长的大会上，特别提到李是"榜上有名"的，指李写的短篇小说曾得到鲁迅的肯定。总编辑则是王元化，如今是大家都知道的大学者了，当时也已是著名的文艺理论家。他是我到新文艺出版社第一位接见的领导人，平日接触不多。但记得有次参加他主持的一个小规模编辑会议，讨论选题计划。正好大热天，不像现在到处空调，电扇也不普遍，他穿一件汗背心，慷慨陈词，大有脱略形骸的书生意气。在座的还有张茜（陈毅市长夫人），她是翻译编辑，曾用"耿星"笔名译过一本绥拉菲莫维奇的短篇小说集；她也发表意见，一口四川话，侃侃而谈。不过会上各人讲些什么，一点记不起了。

新文艺出版社编辑部，分两个编辑室：第一编辑室管现当代文学，主任为作家梅林。第二编辑室管翻译，主任为翻译家包文棣；这个编辑室的编辑，基本上由原苏商时代出版社的翻译家组成，时代一部分人员由姜椿芳带领去了北京，留在上海的即由王元化、包文棣带领加入新文艺出版社。古典文学编辑仅我一人，所以把我的名字挂在第一编辑室，这个编辑室有五位编辑，梅林为我依次介绍：罗洛、耿庸（他是当时出版社唯一的编审）、张中晓、江鸶（数年后方知是当代花木兰，相处时浑然不觉）、翟永瑚（山东作家，不久自动申请调回山东）。我的办公桌就放在罗洛对面，但时间不久，因业务需要，主要是买了不少古籍图书，无处安放，便拨给我一个小间，让我一个人坐在那里了。再后来，出的书多，另成立古典文学组，来了好几位新的编辑，归社长李俊民直接领导，这便是后来成立的古典文学出版社、中华书局上海编辑所以至改革开放后的上海古籍出版社的前身了。除两个编辑室外，新文艺出版社还特设一个原稿整理组。凡编辑室发出的书稿，都要到这里来经过一道文字（包括语法、文句和标点正误等）的检查，然后再送出版部门。组长由王勉（鲲西）担任，他是中西学皆通的学者。这是出版社保证出书质量的优良制度，可惜后来就被简化掉了，似乎再也无人记起或考虑出版社设立这个部门的必要性。

做编辑，要同学术界接触。据我看，五十年代初期的上海学术界也是一片纯朴之气，学者们都想为新中国有所贡献。出版社是国家事业，打算出什么书，有些什么建议，他们的反应都是热情积极，根本不谈什么报酬。我们准备出一套古典文学选注本，邀请郭绍虞、刘大杰担任主编。第一次的主编会议是借上海作协小会议室开的，李俊民、王元化主持会议，还邀请了作协的唐弢参加。郭老带来一位青年学者，介绍名鲍正鹄，说他学问很好，现在请他协助编这套书。这位鲍先生，留着长长的后发，像位艺术家，又显得很洋气，但讲起话来谦虚温和，确是有修养的学者。八十年代初，我与他几次相遇，他刚从北京图书馆副馆长位上退下来，长发没有了，已是皤然一翁，但豪气却与岁月俱增，有酒量，健谈，不像昔日恂恂如了。谈及当年他给我的印象，相视大笑。作协那次会上，发言最多的是刘大杰，他对这套选注本的编辑出版，很是热心。那时他的那部解放前出版的《中国文学发展史》尚未受到重视，在复旦中文系的权威地位也未确立，所以处处以郭老领先（郭是中文系主任，又是上海作协副主席）。会上拟定了二十本题目，讨论了选注体例，确定了编选者人选。随后陆续出版的朱东润的《左传选》、陆侃如的《楚辞选》、顾廷龙的《汉书选》，就是这次会议的结果。但是由于各种原因，主要是政治原因，这套选注本计划并未能全部实现，不了了之了。其实后来有许多事，都是这样不了了之的。

一九九九年中秋前一日，于上海
原载《文汇读书周报》专题"半个世纪的
雪泥鸿爪·老出版家追怀出版生涯"

# 为《胡道静文存》出版写的推荐书

一、完全赞同上海人民出版社编辑出版《胡道静文存》的计划与工作；计划所列著述目录，拟分五卷，汇集整理，亦符合实际，并切实可行。我尤其赞赏上海人民出版社主事诸君对此项编辑出版工作意义的意见，"不仅仅是一部个人著述与学术成果的汇编，更是彰显了一位将终身奉献给中华传统文化研究、饱经风霜、矢志不渝，并做出突出贡献的典型中国知识分子的精神境界"。这段评论很好，道静先生的贡献与精神恰当地表述出来了。"文革"后期，李约瑟偕助手鲁桂珍（后成为李的夫人）访问中国，来到上海，提出要见的第一位中国学者就是胡道静。当局不知胡为何人，查问方知此人关在提篮桥狱中，只得谎称亡故。所以有一时期传闻胡道静已死，此亦可见胡在海外学术界的知名度。出版这样一位杰出学者的全集，自是上海学术界、出版界一件大事，我表示全力支持，并郑重推荐。

二、道静先生不仅是中国科技史和古文献研究领域极负盛名的学者，还是建国后为上海出版界做出卓越贡献的老编辑、老出版（我亦以此称号为荣），勤恳敬业，不计名利，乐此不疲，数十年如一日。我仅举二事为例。其一，由上海图书馆主编、中华书局上海编辑所出版的《中国丛书综录》，是第一部网罗古今丛书子目的综合著录，巨细无遗，为学者检索，提供极大方便。道静除任责编外，还实际参与主编工作，辛苦备尝，但从不居功自炫。其二，一九八六年为庆祝李约瑟寿辰，上海古籍出版社特出版《中国科技史探索》一书，作者皆国际知名中国科技史研究学者，分隶十二个国家。此书主编列衔席泽宗、张孟闻、曹天钦三人，实际主编实为道静，单是约稿与翻译，即非易事，劳而无名，不以为慊。上世纪五十年代以来上海出版界入行的老编辑、老出版，像道静这样高风亮节的固然不止一人，但道静是他们中最具代表性的，则是事实。我想，全面看胡道静，此条不可缺。

三、道静先生与我相交五十年，是老友兼老同事，彼此相知甚深，但"相知在事业，相忘于江湖"，工作时朝夕相对，私下交往并不算多。然逢各自落难之日，交情乃见。我们在最困难的不敢觌面交一语的日子里，默契一条做人底线：决不落井下石，卖友求荣；决不狗咬狗（指批斗会和大字报），邀功请赏。道静九十大寿，已入太平盛世，万物复苏，时已调入上海人民出版社，为他举办一个小型庆祝会，出席者不多，几个上海出版社负责人及相知朋友，我所在出版社也是道静曾为之献出过大半辈子生命和精力所在的地方，仅我一人受邀，似乎稍感寂寞。我想这个名单应是征求过寿翁意见的。

二〇〇九年八月三日

原载《开卷》杂志

# "书窗"外的闲话

## ——《三月书窗》代序

鲲西的学术随笔集《三月书窗》出版，我感到高兴。集子里的文章，在报刊发表时，我大都看过。有的文章发表前后，我们还曾就其中一些看法交换意见。鲲西要我为这本书写篇序。序则不敢，话要说几句，权当站在他的"书窗"外说些闲话。

鲲西是我敬佩的老友。我们相识订交，至今四十多年了。光阴过得快，但四十多年也不是一个短的时间。我们都以渺小之身，经历了这段时间内历史大潮的冲击洗刷，起伏浮沉。万般多有变化，唯有友谊长存。庄子说："鱼相忘乎江湖，人相忘乎道术。"他假托这是孔子的话，但孔子只言"道"，从不说"道术"，可知仍是庄子自己的说话。我很喜欢这两句话。对"道术"的解释，可因人因时而异，我以为不如作志趣解。与鲲西交，常使我得到一种近乎志趣投合的"相忘"感悟。

前不久，我写过一篇回忆性质的文章，其中有一段关于鲲西的文字，那是记述一九五九年我已戴上"右派分子"帽子后下乡"监督劳动"时发生的事：

> ……小队长接着又读了一个通知：右派分子王勉，抗战时做过国民党远征军的美军翻译，是历史反革命分子，现已逮捕。这个通知，令我反感，造成我在很长时间内"表现不好"。王勉是我的同事和朋友，平时谈得来。他处世平和，与人无争，只是看事看人有自己的见解，因此也"扩大化"了。我对他的被捕，认为是过分了，为之不平，不免情绪上有所表现。许多年后，王勉平反，自劳改地归来，谈起此事。他说虽然关了多年，但"文革"中却躲开了批斗的磨难，也是有失有得。中国的知识分子就是这样的善于譬解。叶浅予在回忆录中谈起他的十年秦城牢狱之灾，也是以此为幸。

这位王勉，就是鲲西。他的特点，便是这段文字中所说的"平和"二字，也即是平静和粹。他的做人，做学问，都出之以这种平和的心态。对待自己遭遇"善于譬解"，正是因有平和的胸怀，由此发而为文章，自然也充溢了平和之气。

但平和又不是随和，随和就是随风倒，或玩世不恭式的随声附和。鲲西的一些文章，对随风倒的学风，或对某些随声附和混世型的人和事，虽然还是以平和的目光视之，但也深致其悲悯哀惜之意。所以他的读书论学，不盲从，不诡随，真能从常人不经意处看出别解，探出新意。有人写文章，如金刚怒目，如韦驮仗杵，鲲西文章则如罗汉垂眉，安详自如，自具一副慈悲心肠。

据我所知，鲲西早年多从老师大儒游，含英咀华，学养素厚，但不轻易为文。他是自八十年代起方较多地写些文章的，但亦不苟作。他博览群书，中外兼蓄，尤邃于西学。每拈一题，议论出入今古，精义叠出，启人心智。这是他的第一本集子，我预期鲲西著作无量。

一九九七年四月二十日于上海观景楼